Manfred von Lewinski

Ausharren oder gehen?

D1929194

Manfred von Lewinski

Ausharren oder gehen?

Für und wider die Freiheit zum Tode

OLZOG

Db 1337

Bibliografische Information der Deutschen Nationalbibliothek

Die Deutsche Nationalbibliothek verzeichnet diese Publikation in der Deutschen Nationalbibliografie; detaillierte bibliografische Daten sind im Internet über http://dnb.d-nb.de abrufbar.

SWR Stuttgart
Anstalt des öffentlichen Rechts
Bibliothek

2008-171

ISBN 978-3-7892-8254-6

© 2008 Olzog Verlag GmbH, München
Internet: http://www.olzog.de

Alle Rechte, insbesondere das Recht der Vervielfältigung und Verbreitung sowie der Übersetzung, vorbehalten. Kein Teil des Werkes darf in irgendeiner Form (durch Fotokopie, Mikrofilm oder ein anderes Verfahren) ohne schriftliche Genehmigung des Verlages reproduziert oder unter Verwendung elektronischer Systeme gespeichert, verarbeitet, vervielfältigt oder verbreitet werden.

Umschlagentwurf: Atelier Versen, Bad Aibling
Titelfoto: © Caro / Sorge
Satz: abavo GmbH, Buchloe
Druck- und Bindung: CPI – Ebner & Spiegel, Ulm
Printed in Germany

Inhalt

Ausharren oder gehen? 9

1. Sterben wollen 13

1.1. Der Drang zu leben 13

1.2. Das Leben als Last 15

Wenn ein Leiden unheilbar geworden ist 15

Wenn Schmerzen unerträglich werden 18

Wenn die Kontrolle über den Körper verloren geht 20

Wenn sich der Geist verwirrt 23

Wenn es einsam um einen geworden ist 26

Wenn ein gelebtes Leben ausfranst 28

2. Der Wunsch zu sterben – Defekt oder Option? 33

2.1. Eigenarten menschlicher Vitalität 33

2.2. Lenkungsmechanismen menschlichen Verhaltens 36

Emotion und Motivation 36

Kategorisierung und Zuschreibung von Ursachen und Gründen 37

Erweiterter Horizont der Menschenwelt 40

Sozialisation 43

Pluralität von Verhaltensoptionen 46

2.3. Das Leben lassen – artgerecht oder krankhaft? 48

3. Unverfügbarkeit des Lebens oder Freiheit zum Tode? 55
3.1. Die Frage der persönlichen Verfügbarkeit über das Leben im Spiegel der Geschichte 55
3.2. Wertfundamente für die Lebensbewahrung 59
Lebensbewahrung als göttliches Gebot 61
Lebensbewahrung als Pflicht gegenüber der Gesellschaft 65
Lebensbewahrung als menschengemäßes Verhalten 69
3.3. Verbindlichkeit der Wertfundamente für die Bewahrung des Lebens 76
Selbsterhaltung – gottgewollt? 78
Selbsterhaltung – der Gesellschaft geschuldet? . . . 86
Selbsterhaltung – eine menschengemäße Pflicht? . . 91

4. Die gegenwärtige Ausgangslage 101
4.1. Das geltende Recht in Deutschland 103
Gesetzeslage und Gesetzesauslegung 103
Passive und aktive Sterbehilfe 106
Suizidbeteiligung 110
Reformbestrebungen 117
4.2. Die öffentliche Meinung 123
Ergebnisse demoskopischer Umfragen 123
Hospiz-Bewegung 127
Deutsche Gesellschaft für Humanes Sterben 131

4.3. Die Stellung der Kirchen 135
Die katholische Kirche 135
Die evangelische Kirche 138
4.4. Die Standesüberzeugungen der Ärzte 140
4.5. Die Bürde der Geschichte 144
4.6. Rechtsauffassungen benachbarter Länder 146

5. Perspektiven einer Änderung der bestehenden Lage 151
5.1. Ansätze für eine Änderung der bestehenden Lage 154
Wandel der öffentlichen Meinung 154
Persönliche Grundrechte der Verfassung 156
5.2. Hürden für eine Änderung der bestehenden Lage 166
Wertebindung im Lichte demokratischer Mehrheitsbildung 167
Verengte Sicht der Probleme 170
Unredliche Polemiken 174
Vorenthaltung geeigneter Mittel 177
5.3. Schwierige Ambivalenzen 179
Unsichere Abschätzbarkeit lebenswerter Überlebenschancen 179
Selbsttötung und Weiterleben als Zumutung für andere 181
Demografische Zwänge 186
Zwangsläufigkeiten selbstbestimmten Sterbens ... 188

6. Was also: Ausharren oder gehen? 193
6.1. Gesellschaftspolitische Lösungen 194
6.2. Persönliche Überlegungen 205
Der Druck des Leidens 205
Die Erosion von Interessen und Zielen 206
Die Wahl des Mittels 207
Das Finden des richtigen Zeitpunktes 209
Die Einbindung Nahestehender 211
Vor dem Absprung 213

Literaturverzeichnis 217

Quidquid agis, prudenter agas
et respice finem

Ausharren oder gehen?

Jeder abgelaufene Tag bringt uns um eben diese Zeitspanne unserem eigenen Tode näher. Und jeder neue Tag kann der letzte sein, den wir – meist unbekümmert um unser Ende – begonnen haben.

Gewöhnlich gehört diese triviale Einsicht nicht zu unseren täglichen Begleitern. Über mehrere Jahrzehnte hinweg leben wir in dem sicheren Gefühl, es werde ein Morgen, ein Übermorgen und ein nächstes Jahr geben, in dem wir uns wiederfinden, meist gesund und unseren Hoffnungen und Zielen ein Stückchen näher. Nur von Zeit zu Zeit mag es Augenblicke geben, Unfälle mit noch einmal glimpflichem Ausgang, plötzliche schwere Krankheiten, der jähe Tod eines nahen Angehörigen oder Freundes, in denen die Zerbrechlichkeit des Lebens blitzartig und erschreckend ins Bewusstsein dringt.

Mit vorrückendem Alter, einem fühlbaren Nachlassen der eigenen Kräfte und wenn sich die Reihen der Zeitgenossen um einen herum spürbar zu lichten beginnen, bekommt die eingangs beschriebene, banale Einsicht Gewicht. Einen Teil der Betroffenen beginnt dann die Frage zu beunruhigen, was ihnen bevorsteht, wenn sie hier das Zeitliche segnen. Ist der Tod etwas Endgültiges oder was kommt für sie danach? Eine ernste Frage gewiss, jedoch nicht Gegenstand dieser Abhandlung.

Zugleich wird für die meisten immer unabweisbarer, dass zwischen einem noch leidlich unbeschwerten Heute und dem unausweichlichen Ende ein mehr oder weniger langer Lebensabschnitt liegen könnte, in dem das eigene Dasein nur noch zu einer als quälend, trostlos und sinnleer empfundenen Last wird. Und hieran knüpfen sich dann, je mehr diese unheimlichen Befürchtungen tatsächlich Gestalt annehmen, sorgenvolle Fragen wie diese: Welche Lebensperspektiven habe ich denn überhaupt noch? Warum, wie lange und um wessentwillen soll ich das alles ertragen? Was mute ich damit meinen Mitmenschen, meinen Angehörigen insbesondere, noch zu? Wer oder was dagegen hindert mich eigentlich, meinem Leben ein Ende zu setzen? Ausharren in einer bitteren Endphase des Lebens oder nicht doch lieber gehen?

Wie ist mit solchen Fragen umzugehen? Und was könnte, was muss geschehen, damit der Einzelne, der für sich zu der Überzeugung gekommen ist, seine Zeit zu sterben sei gekommen, diesen Schritt als einen dem Menschen gemäßen vollziehen kann, frei, von seinen Mitmenschen toleriert, respektiert, wo nötig mitmenschlich unterstützt und mit der gebotenen Professionalität? Oder gibt es überzeugende Gesichtspunkte, die uns tunlichst daran hindern sollten?

Die Abhandlung sucht Antworten auf diese Fragen. Sie schildert zunächst typische Situationen, aus denen heraus der Wunsch entstehen kann, das Leben zu lassen, um sodann zu prüfen, ob dieser Wunsch ein seelischer Defekt oder eine menschengemäße Option ist. Soweit Werte für den Menschen handlungsleitend sind, untersucht sie die Verbindlichkeit der hieraus resultierenden Normen, die in der abendländischen Geschichte zur Frage der Unverfügbarkeit oder

Verfügbarkeit des Lebens entwickelt worden sind. Daran anknüpfend stellt sie den gegenwärtigen Diskussionsstand zur Sterbehilfe und Selbsttötung in Deutschland dar, lotet Ansätze, Hemmnisse und schwierige Ambivalenzen einer Änderung der zurzeit vorherrschenden Auffassungen aus und zieht daraus schließlich praktische Folgerungen für die Gesellschaft und den Einzelnen.

1. Sterben wollen

Sterben wollen? Gibt es das wirklich angesichts einer offenkundigen Vitalität, die dem Menschen in sein Leben verhilft, mit der er sich in der Welt seinen Platz verschafft und die ihn mit vielerlei Banden darin festhält?

1.1. Der Drang zu leben

Um nur einige Facetten dieses Lebensdranges mit ein paar knappen Strichen zu skizzieren: Da ist zunächst die beeindruckende Vitalität, mit der sich die Entwicklung des Menschen unmittelbar nach der Zeugung innerhalb weniger Monate aus zwei kleinen Zellen zu einem hochkomplexen Organismus vollzieht. Da ist, nicht lange nach seiner Geburt, die faszinierende Art und Weise, mit der er – in vielerlei Hinsicht noch hilflos und verletzlich – mit einer unstillbaren Neugier und Beharrlichkeit sich in der Welt zurecht zu finden sucht, in die er hineingeboren ist. Da ist eine unübersehbare Vielfalt von dabei gewonnenen Eindrücken und gemachten Erfahrungen, die es ihm ermöglichen, an diesem Leben Gefallen zu finden, ihm gute Seiten abzugewinnen und daraus ein ihn immer wieder belebendes Wohlbefinden zu ziehen, das ihn dazu anregt und ermutigt, sich in seinem Lebensumfeld auszubreiten und zu entfalten. Die Anstrengungen, die ihm dies abnötigt, können für ihn eine hoffnungsvolle Herausforderung sein, deren Bestehen ihm dann als gelungene Kraftentfaltung Genugtuung verschafft und deren Ergebnis er als ihn befriedigende und von anderen möglicherweise anerkannte oder bewunderte Leistung genießen kann. Und so, wie er sich über eigene Leistungen freuen kann, so kann er die Leistungen anderer positiv schätzen oder gar von ihnen ergriffen sein. Da sind die Fähigkeiten, sowohl aus dem Genießen angenehmer Lebensumstände als auch aus deren Entsagung positive Kräfte zu schöpfen. Da sind im Umgang mit anderen Menschen die beglückenden Empfindungen, andere mit eigener Kraft vor Unbilden beschützen zu können oder selbst einen solchen Schutz zu erhalten, von ihnen beschenkt zu werden oder ihnen selbst etwas von sich zu schenken, in seinen Gedanken und Gefühlen von anderen verstanden zu werden und andere zu verstehen. Wenn der Mensch hingegen innerlich oder nach außen hin einmal nicht mit der Welt zurecht kommt, sich die Verhältnisse gegen ihn verschworen zu haben scheinen, hat er erstaunliche Fähigkeiten, Halt gebende Auswege in Hoffnung auf Besserung, Trost spendenden Sinngebungen des Glaubens oder in einer Kraft verleihenden Verantwortung und Pflichterfüllung anderen und deren Erwartungen gegenüber zu finden. Da ist weiterhin die überraschende Fähigkeit, sich kraft Gewöhnung mit Verhältnissen zu arrangieren, die von außen gesehen zunächst unerträglich erscheinen, und sich in ihnen schlecht und recht einzurichten. Und nicht zuletzt hält den Menschen eine diffuse Angst in seinem Dasein fest vor dem, was ihn erwarten könnte, wenn er versuchen wollte, diesem Leben von sich aus ein Ende zu setzen. Mit einem Satz: Es ist außerordentlich beeindruckend, welchen trostlosen Umständen, welchen zerstörerischen Mächten, welchem Leiden ein Mensch mit diesen, seinen dem Leben zugewandten Kräften zu trotzen vermag!

Und dennoch: Es gibt ihn, diesen Wunsch, aus seinem Leben entlassen, erlöst zu werden. Wie kommt es dazu? Hier einige kurze, typische Szenarien. Sie sollen, möglichst nüchtern geschildert, die oft bestürzenden und erschütternden, emotional aufwühlenden Einzelheiten nur andeuten, die das Sterben der Menschen heute so oft begleiten. Aber man muss wissen: Es sind gerade diese immer wieder anderen, aber gleichermaßen schrecklichen Details, die den Lebenswillen brechen!

1.2. Das Leben als Last

Wenn ein Leiden unheilbar geworden ist

Sie hatte bereits längere Zeit gespürt: irgendetwas war mit ihr nicht in Ordnung. Die ganze letzte Zeit schon hatte sie sich müde und abgeschlagen gefühlt. Auch der Winterurlaub, der ihr sonst immer so gut getan hatte, brachte diesmal nicht den gewohnten Effekt. Eine dort eingefangene Erkältung, sonst nach wenigen Tagen überwunden, wollte auch mit den üblichen Medikamenten nicht abklingen. Schließlich suchte sie ihren Hausarzt auf. Nachdem dieser den Infekt mit etwas schwererem Geschütz ebenfalls vergeblich bekämpft hatte, empfahl er eine gründlichere fachärztliche Untersuchung. Der erschreckende Befund: Leukämie, Blutkrebs in einem schon fortgeschrittenen Stadium.

Sofort wurden alle medizinisch notwendigen Maßnahmen in der nahen Universitätsklinik eingeleitet, in die man sie einwies. Die kombinierte Behandlung aus Chemotherapie und Bestrahlung war für sie äußerst belastend und kräftezehrend: anhaltende Übelkeit, Durchfälle, grippeähnliche Fieberanfälle peinigten und schwächten sie. Ärzte und Pflegepersonal waren rührend um sie bemüht und suchten nach Kräften, ihre Beschwerden zu lindern. Die Kinder und ihr Mann gaben sich alle erdenkliche Mühe, sie aufzumuntern, auch wenn sie ihre angstvolle Sorge immer weniger verbergen konnten. Sie fühlte sich die meiste Zeit hundeelend und die Frage kroch immer dringlicher an sie heran: Welches Ende sollte dies alles nehmen?

Nach einiger Zeit indessen schien die Therapie anzuschlagen, die Blutwerte verbesserten sich, die belastenden Symptome gingen zurück, die behandelnden Ärzte zeigten sich zuversichtlich. Neue Hoffnung breitete sich in ihr aus und übertrug sich auf die übrige Familie und die Freunde.

Aber dann kehrte sich dieser Prozess wieder um. Die Blutwerte wurden abermals instabil, die alten Begleitsymptome flammten erneut auf; weitere kamen hinzu: Geschwüre im Mundbereich, Nasen-, Zahnfleisch- und Hautblutungen sowie Pilzinfekte der oberen Luftwege. Die Mienen der behandelnden Ärzte wurden ernster, ihre Äußerungen verhaltener. „Wir haben die Sache im Griff", sagten sie zwar, aber sie, die Patientin, spürte, dass es nicht mehr aufwärts gehen wollte. Sie fühlte sich zunehmend schwächer, zermürbt und von ihren Beschwerden ausgelaugt. Die Sorge um ihre und ihrer Familie Zukunft, die sie bisher immer von neuem so sehr bedrückt hatte, begann sich in einer zunehmend dumpfen Teilnahmslosigkeit zu verschatten. Jeder aufmunternde Zuspruch erschien ihr eher als eine Zumutung. Und immer nachdrücklicher breitete sich in ihr der Wunsch aus, dass dies alles doch ein möglichst rasches Ende nehmen möge. Es kostete sie große Überwindung, ihrem Mann zu sagen, dass sie keinerlei Kraft mehr in sich fühle, sich gegen ihre Krankheit weiter zur Wehr zu setzen.

Die Ärzte waren mittlerweile zu dem Ergebnis gekommen, dass sich mit der bisherigen Therapie der mit seinen belastenden Begleiterscheinungen wenig befriedigende Zustand noch eine Weile in einem hinreichenden Gleichgewicht würde halten lassen, dass es für eine Heilung aber allenfalls noch eine letzte, kleine Chance geben würde, eine Knochenmarktransplantation. Für sie müsste aber erst noch ein geeigneter Spender gefunden werden. Das würde Wochen, ja Monate dauern können. Der Eingriff selbst würde mit weiteren Beschwerden verbunden sein, die die bisherigen noch einmal nachhaltig verschärfen würden. Diese Tortur zu ertragen, fühlte sich die Patientin in ihrer Entmutigung und Verzweiflung über ihre Situation sowie über die Lage, in der sie wahrscheinlich ihre Familie würde zurücklassen müssen, nicht mehr gewachsen. So wollte, so konnte sie nicht länger leben. Also bat sie dann zunächst ihren Arzt, später auch die Schwester, die sich so besonders einfühlsam um sie sorgte, eindringlich darum, sie möglichst bald von ihrem Leiden zu erlösen, ihr ein Mittel in die Hand zu geben, mit dem sie selbst diesen Schritt würde vollziehen können. Beide sahen sie mit ernsten Blicken an, legten begütigend die Hand auf ihren Arm, nickten verständnisvoll, versprachen, alles ihnen mögliche zur Erleichterung ihres Leidens zu tun; ihren Wunsch zu erfüllen aber sahen sie sich außer Stande. …

Wenn Schmerzen unerträglich werden

Wann genau es begonnen hatte, konnte er später nicht mehr sagen. Er war von Kindesbeinen an ein Mensch mit hohem Bewegungsdrang und großer Bewegungsfreude. Als Schüler und Student war er ein passionierter Leichtathlet gewesen. Später gehörten Tanzen, Skifahren, Bergwandern und Bergsteigen zu seinen Leidenschaften. Aber dann, irgendwann in seinem dritten Lebensjahrzehnt fing es an mit schubweise stechenden Schmerzen in den Zehengelenken. Wenn ein solcher Schub kam, zunächst nur wenige Tage lang, wurde ihm jeder Schritt zur Qual und auch nachts, wenn er ruhig im Bett lag, hörte das Stechen in den großen Zehen nicht auf und raubte ihm den Schlaf. Aber zunächst gingen diese Attacken immer wieder vorüber und sie ließen sich mit Medikamenten einigermaßen unter Kontrolle halten. Dann waren diese ärgerlichen Begleiter auch wieder vergessen. Mit den Jahren kamen diese Schübe jedoch in rascherer Folge und sie breiteten sich nun auch auf die Kniegelenke, die Ellenbogen und die Schultern aus. Er begab sich in fachärztliche Behandlung. Eine rheumatische Erkrankung wurde diagnostiziert und verschiedene Therapien erprobt. Man versuchte es mit Moorpackungen, Thermal- und Bewegungsbädern, Massagen, physiotherapeutischen Anwendungen und Bestrahlungen, bei besonders heftigen akuten Schüben mit Eispackungen. Dies alles führte zusammen mit schmerzunterdrückenden Medikamenten zunächst zu einer gewissen Linderung der Beschwerden, aber ein wirklicher Heilungsprozess trat nicht ein. Im Gegenteil, die Schmerzzonen weiteten sich aus, erstreckten sich nun auch auf die Hüftgelenke und auf den Bänderapparat, und an den Gelenken der Extremitäten wurden zunehmend Knoten und Verformungen sichtbar, die die Bewegungsfreiheit auch rein physisch einschränkten. Ambulante Behandlung reichte schon längst nicht mehr aus, längere Klinik- und Kuraufenthalte wurden nötig. Nicht allein die persönliche Lebensentfaltung wurde immer stärker eingeschränkt, auch die berufliche Einsatzfähigkeit wurde mehr und mehr in Mitleidenschaft gezogen. Er konnte immer weniger das tun, was er eigentlich besonders gerne tat. Das für ihn selbst aber Schlimmste waren die mittlerweile chronisch gewordenen Schmerzen. Sie ließen ihn nicht mehr zu Ruhe und Entspannung kommen. Darüber wurde er launisch, ungeduldig und reizbar gegenüber seiner Umgebung, besonders seiner Familie. Sie trug diese Krankheit in bewundernswerter Geduld und Gefasstheit mit, aber er merkte wohl, wie sehr das alles besonders seine Frau an die Grenze ihrer Kräfte brachte. Das und die Tatsache, dass er seinen Kindern nicht mehr der Vater sein konnte, der er immer sein wollte, machte ihn zusätzlich unglücklich, aber so sehr er sich auch anstrengte, er konnte sich einfach nicht unentwegt beherrschen. Die schmerzlindernden Medikamente, die es für ihn gab, waren, soweit sie überhaupt halfen, so schwere Kaliber, dass sich mit ihrer Einnahme die Welt um ihn in eine dumpfe Umgebung verwandelte, der er weitgehend gefühls- und teilnahmslos gegenüberstand. Er kam mehr und mehr zu der Überzeugung: Das war kein Leben mehr, wie es ihm lebenswert erschien. So konnte und so wollte er nicht weiterleben. …

Wenn die Kontrolle über den Körper verloren geht

Es war ein heißer, etwas drückend-schwüler Julinachmittag gewesen. Seine Frau hatte sich zu einer Kaffeeinladung einer Bekannten aufgemacht. Er selbst hatte sich an seinen Schreibtisch in die relative Kühle seines Arbeitszimmers zurückgezogen. Den ganzen Vormittag hatte er sich schon etwas taumelig gefühlt, führte das aber auf das Wetter zurück. Plötzlich wurde ihm schwarz vor den Augen, er verlor die Besinnung.

Als er wieder zu sich kam, fand er sich am Boden zwischen dem Schreibtisch und dem dahinter stehenden Sideboard liegen. Der Stuhl war über ihm umgefallen. Mit einem Auge – das andere bekam er nicht auf – konnte er gerade noch, wenngleich etwas verschwommen, eine Ecke des Bildschirms seines Laptops sehen. Er war noch nicht im Stand-by-Modus; also konnte er noch nicht lange besinnungslos gewesen sein. Als er versuchte, sich aufzurappeln, merkte er, dass er kein Gefühl in der rechten Körperhälfte hatte; weder der rechte Arm noch das rechte Bein gehorchten ihm. Er versuchte zu rufen – was an sich ja nutzlos war, denn niemand außer ihm war im Hause – brachte aber nur ein unartikuliertes Gegurgel hervor. Blitzartig wurde ihm klar: Schlaganfall. Er wusste, es war jetzt nur eine Frage der Zeit, welche Aussicht bestehen würde, die Sache wieder einigermaßen ins Lot zu bringen. Aber niemand war da, der Hilfe holen konnte. Das Telefon war im Nachbarzimmer, er selbst trotz aller Versuche nicht in der Lage, sich dorthin zu schieben oder zu rollen. Panik erfüllte ihn, sein Puls raste, aber es war nichts zu machen; er musste warten und hoffen, dass seine

Frau jeden Augenblick zurückkommen würde. Die Minuten dehnten sich zu Stunden. Irgendwann klingelte das Telefon, nach vier Klingelzeichen hörte er den Anrufbeantworter anspringen, dann war wieder Stille. Er versuchte mit der linken Hand das rechte Augenlid zu heben; es blieb dunkel. Aus dem rechten Mundwinkel lief es feucht.

Wie lange er so gelegen hatte, wusste er nicht, als seine Frau endlich zurückkam und ihn fand. Dann war eine hektische Betriebsamkeit um ihn herum, die er aber nur mit einer seltsamen Teilnahmslosigkeit wahrnahm: Notarzt, Spritzen, Sanitäter, Schläuche in einem ihn schüttelnden Krankenwagen, Martinshorn, ein gleißend heller Klinikraum. Danach versank die Welt um ihn vollends.

Als er das nächste Mal zu sich kam, lag er in einem Klinikbett. Schmerzen hatte er nicht, aber die rechte Körperhälfte war immer noch gefühllos und zu keiner Reaktion zu bewegen, ebenso wie das rechte Augenlid. Eine Schwester kam herein. Er wollte etwas sagen, fragen. Es ging nicht.

Und so blieb es – im Wesentlichen jedenfalls – trotz aller ärztlichen und physiotherapeutischen Bemühungen. Die Ärzte, anfangs noch Zuversicht ausstrahlend, konnten ihm bald keine Hoffnung mehr machen. Zu lange war er nach dem Insult ohne rettende Hilfe geblieben. Innerhalb kürzester Zeit war er zum Pflegefall geworden. Er konnte kaum mehr etwas selbst tun. Er musste gewaschen und gewickelt werden. Essen und Trinken liefen ihm teilweise wieder aus dem Mundwinkel heraus, er sah nur undeutlich. Verständigen konnte er sich nur mit Blicken, Gesten und mühsam hingekritzelten schriftlichen Botschaften. Der Krankenhausphase folgte ein längerer Aufenthalt in einer Rehabilitationsklinik, in der er wenigstens den einen oder anderen Handgriff lernte, um sich selbst zu helfen, aber im Grunde blieb er völlig auf die Hilfe anderer angewiesen.

Schließlich kam er zurück nach Hause. Seine Frau hatte dort inzwischen mit viel Liebe und großer Umsicht alles für eine Pflege vorbereitet. Im ersten Moment war er darüber sehr glücklich. Aber bald wurde ihm, da sein Verstand offenbar kaum gelitten hatte, klar, was seiner Frau damit ohne ein absehbares Ende aufgebürdet war. Wie lange würde sie das durchhalten können? Was blieb ihr selbst von ihrem Leben? Bräuchte er nicht über kurz oder lang eine Rund-um-die-Uhr-Pflege? Wie lange wäre das finanziell durchzuhalten und was bliebe von allem Ersparten übrig, das seine Frau doch für ein einigermaßen sorgenfreies Leben nach seinem Tode brauchen würde? Dies quälte ihn in zunehmendem Maße, genauso wie der Umstand, auch in seinen intimsten Angelegenheiten auf andere angewiesen zu sein: Er ekelte sich vor sich selbst und denen gegenüber, die ihm helfen mussten; er konnte sich daran weder gewöhnen noch es auf andere Weise verwinden. Und schließlich konnte er nun so gut wie nichts von dem mehr tun, was sein Leben bisher ausgemacht hatte. Ohne einen religiösen Rückhalt konnte er nicht einmal mit seinem Gotte hadern. Das Leben hatte für ihn seinen Sinn verloren. Er wusste nur nicht, wie er es aus seiner hilflosen Lage heraus beenden sollte und wie er – wenn er denn einen Weg fände – seiner ihn aufopfernd pflegenden Frau verständlich machen sollte, dass dies kein Ausdruck der Unzufriedenheit und des Undankes ihr gegenüber wäre, sondern ein Mittel, auch ihr ihre Freiheit zurückzugeben. …

Wenn sich der Geist verwirrt

Langsam, eher unauffällig, schleichend gewissermaßen, hatte es begonnen. Beim täglichen Kreuzworträtsel lagen ihr gesuchte Begriffe zwar ‚auf der Zunge', aber sie kamen nicht darüber. Nur mit Mühe konnte sie sich ins Gedächtnis zurückrufen, was es am Vortage mittags zu essen gegeben hatte und immer wieder hielt sie auf dem Weg durch ihre Wohnung inne mit der Frage, was es doch war, das sie sich gerade zu tun vorgenommen hatte. Namen von Bekannten fielen ihr immer öfter nicht mehr spontan ein, obgleich sie sie erst vor Kurzem noch namentlich angesprochen hatte. Gerade heute morgen war es gewesen, dass sie sich beim besten Willen nicht mehr erinnern konnte, wo sie das Sparbuch hingelegt hatte, mit dem sie zur Bank hatte gehen wollen, und gestern hatte sie die Wohnungstür hinter sich zugezogen, ohne den Schlüssel einzustecken. Als sie bei ihrer Nachbarin den Ersatzschlüssel geholt hatte, der dort für alle Fälle deponiert war – das immerhin wusste sie ja glücklicherweise noch – hatte sie zwar scherzhaft etwas wie „ja, ja, der Alzheimer" gemurmelt, aber im Grunde war ihr nicht sehr witzig zu Mute gewesen.

Die Kinder, denen sie von diesen Dingen gelegentlich erzählte, versuchten, ihre Besorgnis zu zerstreuen, indem sie von ihren eigenen Vergesslichkeiten berichteten, und ihr Hausarzt, zu dem sie großes Vertrauen hatte, erklärte ihr ein um das andere Mal, dass sie für ihr Alter doch noch erstaunlich fit sei, empfahl ihr viel Bewegung und verschrieb ihr – sie hatte darüber in ihrer Apothekenzeitung gelesen – ein Ginkgo-Präparat.

Das alles vermochte sie indessen nicht wirklich zu beruhigen. Auch wenn sie sich an länger zurückliegende Begebenheiten noch recht gut erinnern konnte, war doch unabweisbar, dass selbst bei jenen Erinnerungen die Gedächtnislücken umfänglicher wurden. Hinzu kam, dass sie alles, was neu für sie war, immer schwerer auf Anhieb verstehen konnte, und wenn es gar eine eigene Stellungnahme oder Entscheidung von ihr erforderte, dann geriet sie in Panik und suchte diese unwillkürlich von sich zu schieben. Und noch etwas anderes fiel ihr auf. Über Dinge, die sie früher lebhaft interessiert hatten, angefangen von der täglichen Zeitungslektüre bis hin zu den Erzählungen ihrer Kinder und Enkel über deren berufliches Fortkommen und ihre Erlebnisse und Interessen, legte sich ein grauer Schleier der innerer Teilnahmslosigkeit und Gleichgültigkeit.

In dem Seniorenstift, in das sie vor längerer Zeit gezogen war, begegnete sie seit Jahren auf Schritt und Tritt Mitbewohnern, die offenkundig größere Probleme hatten, mit sich und ihrer Umgebung zurechtzukommen. Anfangs hatte sie sich engagiert bemüht, diesen Mitbewohnern auf einfühlsame Weise bei der Lösung ihrer Probleme zu helfen. In dem Maße aber, in dem sie in ihren eigenen Problemen einen Anfang von möglichen Schicksalen zu erkennen meinte, wie sie ihr auf den Korridoren und im Speisesaal des Stifts täglich begegneten, spürte sie ein wachsendes Widerstreben, sich dem auszusetzen oder sich gar teilnehmend darauf einzulassen. Dies besonders, nachdem sie bei einem zeitweiligen Aufenthalt in der Pflegeabteilung des Hauses infolge eines Beinbruches mit dem trostlosen und keineswegs immer friedlichen Dahinvegetieren schwer dementer Pflegefälle konfrontiert wurde. Sie erlebte deren Panikattacken, die merkwürdigsten Wahnvorstellungen und vor allem ein schreckliches Misstrauen gegenüber Bekannten und vor allem dem Pflegepersonal und wurde sich dabei bewusst, dass auch sie selbst, die ein immer vertrauensseliger Mensch gewesen war, anfing, ein solches Misstrauen gegen andere zu entwickeln.

Auch wenn sie dies alles zu verdrängen suchte: Immer hartnäckiger bedrängte und quälte sie die Vorstellung, dass dies auch einmal ihr Schicksal sein würde, wenn nicht ein gnädiges Geschick ihr dies durch einen vorzeitigen Tod ersparen würde. Aber konnte sie damit sicher rechnen? Was wäre, wenn sie selbst ein Dauerpflegefall würde? Würde das Geld dafür reichen oder müsste sie am Ende ihren Kindern zur Last fallen? Sollte sie den Dingen einfach ihren Lauf lassen, jetzt, wo sie vielleicht selbst noch etwas tun konnte, um einem solchen Schicksal zuvor zu kommen? Denn wäre sie erst einmal ein dementer Pflegefall, würde das nicht mehr möglich sein. Aber was sollte sie tun? Würde eine Überdosis Schlafmittel ausreichen oder würde dies im Falle des Misslingens am Ende der dann selbstverschuldete Schritt in eben den Zustand sein, dem sie entrinnen wollte? Was blieb? Ein Sturz über die Balkonbrüstung? Die Vorstellung, wie sie danach, wenn auch tot, aufgefunden würde, erschien ihr schwer erträglich. Von zunehmender Panik ergriffen, blieb sie ratlos und wusste niemanden, dem sie sich damit anvertrauen könnte. …

Wenn es einsam um einen geworden ist

Sie stand nun im dreiundneunzigsten Lebensjahr. Für ihr Alter war sie sowohl körperlich als auch geistig gut beieinander. Sicherlich, allerlei alterstypische Beschwerden schränkten ihren Tätigkeits- und Erlebnishorizont ein. Sie verließ nicht mehr so gerne die vertraute Lebensbasis, die sie in einem Altenstift gefunden hatte, in dem sie umgeben von eigenen, ihr liebgewordenen Möbeln und Gegenständen wohnen konnte, gut versorgt und der meisten Aufgaben enthoben, die mit der Führung eines eigenen Haushaltes verbunden sind.

Ehe sie ihr Appartement, kurz nach dem Tode ihres Mannes bezogen hatte, hatten ihr die mittlerweile mehrere hundert Kilometer entfernt wohnenden Kinder zu bedenken gegeben, ob sie ihre neuen Zelte nicht in der Nähe des einen oder anderen von ihnen aufschlagen sollte. Aber mit diesem Gedanken hatte sie sich nicht anfreunden mögen. Sie wollte, wie sie wiederholt betonte, um des Himmels Willen den Kindern nicht einmal irgendwie zur Last zu fallen. Im Übrigen gab es in der Stadt, in der sie zuletzt mit ihrem Mann gelebt hatte, doch einen netten Kreis von Freunden. Und nachdem sie in das Stift eingezogen war ergaben sich dort eine Anzahl neuer und anregender Bekanntschaften.

Das war die Situation vor fünfzehn und auch noch vor zehn Jahren gewesen. Dann aber lichtete sich rapide der Kreis der ja mehr oder weniger altersgleichen Freunde und Bekannten. Die einen wurden, an Gehgestell oder Rollstuhl gefesselt, immobil, andere bauten geistig so sehr ab, dass eine Kommunikation wie früher nicht mehr möglich war, viele starben. In das Stift selbst zogen, anders als in den Anfangsjahren, auch kaum noch jüngere Bewohner zu. Wer neu hinzukam, war zumeist schon an der Grenze der Pflegebedürftigkeit angelangt. Es kam ihr so vor, als kapselten sich die alten Menschen, mehr und mehr von der Bewältigung ihres immer beschwerlicher werdenden Alltags in Anspruch genommen, immer stärker nach außen ab und auch sie selbst merkte, wie ihre frühere Kontaktfreude, ihre Unternehmungslust und ihre Initiative, ja schon auch das sie tragende Interesse am näheren und weiteren Lebensumfeld zusammenschrumpfte.

Das wenige, das sie noch erlebte, das viele, was sie davon nicht mehr recht verstand und das immer weiter um sich greifenden Vergessen der Vielfalt und Farbigkeit des früher einmal Erlebten, fesselten sie in einem immer enger gezogenen Bereich von Gedanken und Empfindungen, die sie wohl fortwährend sehr beschäftigten und vielfach beunruhigten. Wenn sie sie äußerte, fühlte sie sich damit aber nicht wirklich verstanden. Zunächst wurde ihren Äußerungen noch häufig, begütigend oder die Dinge ins Positive wendend, widersprochen. Wenn sie dies nicht gelten lassen wollte oder konnte, wähnte sie sich nur noch mehr oder weniger geduldig und höflich und ohne ein wirklich teilnehmendes Echo angehört. Und nachdem sie merkte, dass sie sich mit diesen Dingen ständig wiederholte, verstummte sie schließlich immer mehr.

Die Kinder und Enkel lebten, wie schon geschildert, weit weg, konnten nicht mal auf einen Sprung bei ihr hereinschauen. Zwischen den Besuchen lagen meist mehrere Wochen, ja Monate. Schon deshalb dauerte es, trotz der zwischenzeitlichen telefonischen Kontakte doch immer eine

Weile, bis sich die Vertrautheit eines regelmäßigen Zusammenseins wieder einstellte. Und nicht selten wurden akute Probleme Anlass für die Besuche, bei denen dann ohnehin wenig Raum und Zeit blieb für einen echten Gedankenaustausch. Sie und ihre Kinder lebten, so musste sie erkennen, einfach in mittlerweile sehr verschiedenen Welten, die sich nur noch flüchtig berührten.

So wurde es, insbesondere innerlich, sehr, sehr einsam um sie. Obwohl alle täglichen Verrichtungen nun sehr viel mehr Zeit in Anspruch nahmen, dehnten sich ihre Tage doch oft endlos und verlängerten sich noch einmal um die langen Nachtstunden, in denen sie keinen Schlaf fand. Und besonders in diesen Stunden beschlich sie immer nachdrücklicher die Frage, für wen oder für was sie hier eigentlich noch lebte und was sie auf dieser Welt überhaupt noch sollte. …

Wenn ein gelebtes Leben ausfranst

Er hatte eine beruflich recht erfolgreiche Laufbahn hinter sich. Seine letzte langjährige Stellung im Vorstandsbereich eines großen Industrieunternehmens hatte er mit viel Engagement und persönlicher Freude ausgeübt. Mit seinem Sachverstand und seiner liebenswürdigen, geschliffenen Art hatte er sich Respekt und Zuneigung verschafft. Seine Tätigkeit hatte ihn mit vielen interessanten Persönlichkeiten zusammengebracht. Seine Einkommensverhältnisse gestatteten ihm einen, in sein berufliches Umfeld passenden großzügigen, komfortablen und beinahe schon etwas weltläufigen Lebensstil, der ihm geradezu auf den Leib geschrieben zu sein schien. Schöne Reisen hatte er gemacht, manches von der

Welt gesehen. Von jungen Jahren an war er vielseitig interessiert und belesen, ein leidenschaftlicher und kenntnisreicher Sammler von altem Höchster Porzellan und Radierungen des Kupferstechers Daniel Chodowiecki. Mit alledem war er ein amüsanter Unterhalter. Er und seine kluge und warmherzige Frau waren in einem großen und anregenden Freundeskreis verankert. Einzig das Schicksal ihrer beiden Kinder warf einen traurigen Schatten auf ihr Leben. Ihre Tochter, war als noch kleines Mädchen an einer Blutvergiftung gestorben. Der jüngere Sohn, Stolz und Hoffnung seiner Eltern, war, kaum zwanzig Jahre alt, in eine innere Abhängigkeit zu einer älteren Frau geraten, die ihn seinen Eltern, all deren liebevollen Bemühungen zum Trotz, gänzlich entfremdete. Umso hingebungsvoller kümmerten sie sich um Neffen und Nichten und Patenkinder.

So gerne er seinen Beruf ausgeübt hatte, so freute er sich doch schließlich sehr auf seinen Ruhestand. Als dieser Schritt dann allerdings vollzogen war, entstand eine auch für ihn, den doch so vielfältig Interessierten, überraschende Lücke in seinem Leben. Für seine Umgebung wurde dies dadurch wahrnehmbar, dass es ihn drängte, immer wieder ausgreifend über all das zu sprechen, was zuletzt Gegenstand seiner und seines Unternehmens Probleme und Aufgaben gewesen waren. Was man bisher kaum für möglich gehalten hätte: Er hatte sich mittlerweile sehr weitgehend über seine berufliche Position und Funktion definiert. Die fehlte ihm nun. Anfängliche Pläne, sich mit seinen guten geschäftlichen Kontakten als Berater zu etablieren, zerschlugen sich rasch. Vorstandsfunktionen beim örtlichen Roten Kreuz und bei den Rotariern gaben ihm zwar etwas von dem guten Gefühl, noch gefragt zu sein, konnten das entstandene Loch aber nicht wirklich füllen.

Merkwürdigerweise konnte er an keine seiner früheren Interessen so recht anknüpfen. Seine bisherige Leseneugier, noch während seiner ihn ausfüllenden Berufstätigkeit sehr lebendig, war immer schwerer zu wecken. Den nötigen Elan, sich Neues anzueignen, wie beispielsweise den Umgang mit den elektronischen Kommunikationstechniken, fand er, zeitlebens von Sekretariatskräften verwöhnt, nicht mehr. Einzig seine ausgeprägte Sammelleidenschaft trug ihn noch ein Stückchen weiter; auch sie fand aber allmählich ihre Grenzen in den Gegebenheiten seines durchaus geräumigen, schönen Hauses.

So nutzte er die erste Zeit seines Ruhestandes für einige anregende und komfortable Reisen. Er aß und trank kennerhaft, genussvoll und, trotz aller mäßigenden Bemühungen seiner Frau, unvernünftig. Eine plötzliche Hirnblutung, die zu nicht mehr vollständig rehabilitierbaren Lähmungen führte, dann ein Altersdiabetes und zunehmende gichtbedingte Gelenkschmerzen schränkten jedoch auch diese Lebensfreuden mehr und mehr ein. Er bewegte sich nur noch wenig, viel zu wenig, verschlief auch mehrere Stunden des Tages und überließ es über weite Strecken dem Fernsehen, ihn zu unterhalten. Im Kreise von Gästen lebte er kurzzeitig auf, längere Besuche hingegen, insbesondere die mit Kindern, strengten ihn schon bald sehr an. Seine gesundheitlichen Beschwerden wurden nun für ihn zum zentralen Thema, er beschäftigte damit viele Ärzte, hatte detaillierte Kenntnisse aller Diagnosen und möglichen Therapien, ohne sich aber selbst einer besonders gesunden Lebensweise zu befleißigen.

Eigentlich hing er ja an seinem Leben, aber immer mehr machte sich in ihm die Frage breit, was er damit eigentlich noch anfangen sollte. Was er gerne getan hätte, ging nicht mehr, was noch ging, fand er nicht mehr inspirierend. Er hatte das Gefühl, als zerfasere oder zerbrösele ihm das Leben unter seinen Händen. Es verlor Schritt für Schritt seinen Sinn und bot ihm keine Perspektiven, keine Ziele mehr. Und er konnte sich immer schwerer des Gefühls erwehren, sowohl anderen als auch sich selbst nur noch lästig zu sein. …

Allen diesen Szenarien ist eines gemeinsam: Ein tatsächliches oder als nahe und ausweglos erwartetes Erlahmen jener Kräfte und eine Auflösung all jener Bande, die einen Menschen im Leben festhalten. Dabei liegt es in der Natur allen Lebens einzelner Individuen, dass seine ursprünglich so ausgreifenden Kräfte früher oder später nachlassen, um schließlich ganz zu verlöschen. Gegen diese zunächst nicht spürbare, gleichwohl unaufhaltsam fortscheitende Abnahme der Lebenskräfte setzt sich der Mensch zwar über längere Zeit hartnäckig und mit zum Teil erstaunlichem Erfindungsreichtum zur Wehr. Dies gelingt ihm indessen nur so lange, als ihm genügend Fähigkeiten bleiben, seinem Leben noch positive Seiten abzugewinnen. Zerfallen auch diese Fähigkeiten, sackt er innerlich zusammen. Es gibt nun nichts mehr, was ihn im Leben hält außer seiner physischen Unfähigkeit oder seiner Ratlosigkeit und Angst, sein sinnentleertes Leben selbst zu beenden. Ist ein solcher Verlauf Ausdruck eines seelischen Defektes, eine Entgleisung, die man verhindern kann und die deshalb nicht zugelassen werden darf oder ist er Ausdruck einer natürlichen Entwicklung und der aus ihr erwachsende Wunsch, das Leben zu beenden, eine durchaus menschengemäße Option, der man einen menschenwürdigen Ausweg eröffnen sollte?

2. Der Wunsch zu sterben – Defekt oder Option?

Um einer Antwort auf diese Frage näher zu kommen, ist es aufschlussreich, die Wirk- und Lenkungsmechanismen genauer in den Blick zu nehmen, die den Lebenswillen des Menschen im Besonderen bestimmen.

2.1. Eigenarten menschlicher Vitalität

Der Lebenswille ist in der belebten Natur bis hinauf zu den Primaten ein mehr oder weniger automatisch ablaufendes, genetisches Programm, das dem gezielten Einfluss der einzelnen Lebewesen entzogen ist. Ihre wesentlichen Systemkomponenten sind Homöostasen, Triebe, auf Reiz-Reaktionsmustern basierende, bei höher entwickelten Tieren durch Erfahrungen bedingt konditionierbare Instinktreaktionen sowie Schutz- und Abwehrmechanismen gegen Bedrohungen der Lebensfähigkeit. Sie ermöglichen in der Regel eine optimale Einpassung der Lebewesen in ihr jeweiliges äußeres Umfeld und funktionieren im Sinne ihrer lebensdienlichen Bestimmung außerordentlich eindeutig, verlässlich und unanfällig gegenüber Störungen – nahezu narrensicher, sozusagen.

Angesichts einer solchen, geradezu perfekt anmutenden Eingepasstheit ist der Mensch vergleichsweise unzulänglich darauf vorbereitet, mit seinem Lebensumfeld zurechtzukommen. Seine Vitalität weist nicht dieselbe ‚traumwandlerische' Sicherheit auf. Sie wirkt eigenartig fragil.

Dies findet seinen Ausdruck zunächst darin, dass der menschliche Organismus bei seiner Geburt noch weitgehend unfertig ist. Während Tiere in aller Regel bereits kurz nach ihrer Geburt alle wesentlichen Bewegungsabläufe beherrschen, um mit ihrer natürlichen Umgebung zurechtzukommen,[1] ist jedenfalls der zivilisierte Mensch zunächst außerstande, sich – auf sich selbst gestellt – zu erhalten. Er ist vielmehr über viele Jahre hinweg auf Hege und Anleitung seiner Eltern oder Artgenossen angewiesen.

Hinzu kommen die besonders beim hochzivilisierten Menschen nur unzulänglich entwickelten Instinkte. Sein Antriebsgefüge ist noch merkwürdig ungerichtet. Es gibt nur wenige feste Verknüpfungen mit spezifischen auslösenden Reizen oder andersherum: aufgenommene Reize lösen zumeist nicht automatisch bestimmte, lebensdienliche Reaktionen aus.[2] Das Antriebsgefüge des Menschen ist mithin offenbar nicht fest auf die Befriedigung spezifischer Lebensbedürfnisse fixiert, es ist noch nicht rückgekoppelt auf die Bedingungen der Umgebung, vielmehr weitgehend zieloffen.

Der Zieloffenheit des Antriebsgefüges entspricht schließlich eine im Tierreich sonst nicht anzutreffende Reizoffenheit des menschlichen Sensoriums. Hat für die Tiere erkennbar nur das Bedeutung, was ihren instinktgesteuerten Lebensbedürfnissen dient, kann für den Menschen alles bedeutsam werden. Seine Wahrnehmungsfähigkeit wird – in

---

[1] Gehlen, S. 41
[2] Gehlen, S. 53

den Grenzen der physikalischen bzw. chemischen Leistungsfähigkeit seiner Sinnesorgane – durch keine instinktgeleitete Wahrnehmungsfilter verengt. Sie korrespondiert in besonderer Weise mit einem Trieb, der sich bei Tieren, wenn überhaupt, nur übergangsweise zeigt: dem Explorationstrieb, auch als Neugierverhalten bezeichnet. Er ist ein auf Betätigung drängender Erregungszustand, der den Menschen zeitlebens im Wachzustand begleitet.

Diese, auf den ersten Blick wenig zweckmäßig erscheinende, physio-neuronale Ausstattung ist in der belebten Natur einmalig. Während Tiere unreflektiert weitestgehend ihren Instinkten folgen, muss der Mensch über weite Strecken erst lernen, wie er sich lebensdienlich und artgerecht verhalten kann und soll.[3] Ist menschliches Leben aber erst noch gestaltungsbedürftig, entsteht die Frage, wie es denn Gestalt gewinnen kann? Die beim Menschen weithin fehlenden oder infolge seines Zivilisierungsprozesses verloren gegangenen, instinktmäßigen Verknüpfungen von Bedürfnissen, Schlüsselreizen und zielgerichteten Reaktionen müssen auf andere, eigene Weise erst hergestellt werden. Das hat, wie wir sehen werden, auch Auswirkungen auf sein Verhältnis zu Leben und Tod. Während alle Lebewesen ihrem Leben und Sterben unreflektiert ausgeliefert bleiben, kann der Mensch, mit dem einen wie dem anderen hadernd, darauf gezielt Einfluss nehmen.

Hierzu versetzt ihn ein Orientierung bietendes Navigationssystem in die Lage, in dem von innen her wirkende, men-

---

3 Gehlen, S. 42

schenspezifische Lenkungsmechanismen und ein von außen her formgebendes, sogenanntes soziales Umfeld zusammengeführt werden.

2.2. Lenkungsmechanismen menschlichen Verhaltens

Die inneren Lenkungsmechanismen liegen dabei auf zwei verschiedenen Ebenen. Die eine sei hier als Ebene der Empfindung, die andere als Verstandesebene gekennzeichnet.

Emotion und Motivation

Auf der Ebene der Empfindung ist die bei Tieren durch Schlüsselreize vermittelte Verbindung zwischen Trieb und Reaktion durch zwei Elemente ersetzt. Alle triebbedingten Regungen und von ihnen ausgelösten Bewegungen, sowie von innen heraus oder von außen auf den Menschen eindringenden Reize sind von Rückempfindungen begleitet. Führt eine Reaktion auf Sinnesreize zu einer Triebbefriedigung, verbinden sich mit ihr positive, angenehme Empfindungen. Schlägt die Reaktion hingegen im Sinne der Triebbefriedigung fehl oder erzeugt sie gar neue Defizite, verbinden sich damit unangenehme, negative, abstoßende Empfindungen. Für den Menschen verleihen Emotionen jeder Aktivität so einen bestimmten Wert, statten sie dadurch mit einem Gefühl der Wichtigkeit aus und wandeln Gleichgültiges in etwas, das Bedeutung hat.

Die motivatorische Konditionierung – vornehmlich die des Explorationstriebes – vermag den Antrieben des Menschen eine Richtung zu geben, die nicht unmittelbar lebensdienlich ist. So kann es beispielsweise sein, dass die Beschäftigung mit einem beliebigen Sachverhalt, ist er erst einmal in den Fokus der persönlichen Neugier geraten, ohne weiteres andere, auch elementare Bedürfnisbefriedigungen verdrängt oder unterdrückt. Motiviert zur Lösung irgendeiner sie fesselnden Tätigkeit – Spiel, Sport, Kunst, Wissenschaft u.a. – ignorieren viele Menschen oft mühelos vitale und elementare Bedürfnisse wie Hunger, Durst und Schlaf – unter Umständen bis zum Umfallen.

Da der Explorationstrieb nicht darauf fixiert ist, spezifische Überlebensbedürfnisse zu befriedigen, kann er also zur treibenden Kraft aller möglichen ‚Interessen' werden, wenn sie denn Gegenstand einer motivatorischen Konditionierung geworden sind. Auf diese Weise werden dann beispielsweise auch Hinfälligkeit und Leiden im Alter und bei Krankheit als etwas Unangenehmes empfunden, das ein Suchverhalten auslöst, dem Unbehagen zu entgehen, wenn auch in diesem Stadium noch nicht klar ist, wo die Lösung liegen könnte.

Kategorisierung und Zuschreibung von Ursachen und Gründen

Die spezifisch menschlichen Lenkungsmechanismen auf der Ebene der Empfindungen sind auf das Engste verzahnt mit solchen auf der Verstandesebene. Auch hier wird die Verknüpfung von Antrieben mit Reaktionen durch zwei Zwischenelemente ausgefüllt: mit der kategorialen Erfassung von Lebenssachverhalten und der Deutung von Sachzusammenhängen.

Das kategoriale Erfassen von Lebenssachverhalten besteht darin, aus der an sich übergangslosen Fülle äußerer Erscheinungen und innerer Befindlichkeiten Einzelmerkmale herauszulösen, gegenüber anderen Merkmalen abzugrenzen, mit weiteren Merkmalen zu verbinden und zu bestimmten neuen Merkmalsbündeln zusammenzufügen. Ist ein Lebenssachverhalt einmal kategorial erfasst, existiert er in dieser Form für den Menschen unabhängig von seinem aktuellen Gegebensein und ist ihm gedanklich jederzeit verfügbar. Im Zuge kategorialer Gliederung überzieht der Mensch die sich ihm als übergangsloses Kontinuum darbietende Welt gewissermaßen mit einem Gitternetz von hierarchisch und lateral aufeinander bezogenen Hinsichten.[4]

Mit Blick auf den praktischen Umgang mit der Welt und sich selbst sind die wichtigsten Resultate dieser kategorialen Prozesse die Bildung sogenannter Schemata und Scripts.[5] Schemata sind begrifflich gefasste Vorannahmen, d.h. Meinungen, Vorstellungen oder Erwartungen über bestimmte Gegebenheiten – Dinge, Lebewesen, Situationen – und die Art ihrer Beziehungen zueinander. Sie erlauben, in der inhaltlichen Fülle der andrängenden Lebenssachverhalte schon Bekanntes als vertraut wiederzuerkennen und in seinen Auswirkungen abzuschätzen. Scripts sind demgegenüber be-

---

[4] v. Lewinski, S. 89 f.

[5] Zimbardo, S. 312 f.

griffich gefasste Erwartungen über den Ablauf und die Umstände von Geschehnissen. Wie das Drehbuch eines Filmes skizziert ein kognitives Script die richtige Abfolge der in einem gegebenen Rahmen erwarteten Ereignisse.[6]

Schemata und Scripts erschließen sich dem Menschen nicht per se, sondern erst mit Hilfe weiterer kognitiver Strukturen, deren fundamentale und wichtigste die Kausalität ist. Sie ist ein Deutungsmuster, mit dem er sich verständlich machen kann, wie die Dinge und Abläufe zusammenhängen. Sie versetzt ihn in die Lage, in ihnen einen Sinn für sich zu erkennen, indem er den Sachzusammenhängen zugrunde liegende Ursachen und Gründe finden und aus ihnen sich ergebende Folgen erkennen kann. Und was für den Menschen Sinn macht, das ist für ihn auch einer motivbildenden Bewertung zugänglich.

Damit ist ihm ein weiteres Instrument in die Hand gegeben, Sachzusammenhänge zu strukturieren und anschließend handlungsleitend zu bewerten, die, seine Neugier weckend, in den Fokus des Explorationsdranges gelangt sind. Mit Blick auf die hier in Rede stehende Problematik bedeutet das: Hinfälligkeit und Leiden sowie der Tod als Ende solchen Leides können so zu einem erfassbaren Sachzusammenhang werden, der einen Weg eröffnet, dem leidensbedingten Unbehagen zu entkommen.

---

[6] Zimbardo, S. 313.

Erweiterter Horizont der Menschenwelt

Die besprochenen inneren Lenkungsmechanismen können dem Menschen – insoweit seinen Mangel an funktionierenden Instinkten ausgleichend – Wege weisen, seine Bedürfnisse zu befriedigen. Gleichzeitig führt das Zusammenspiel dieser Lenkungsmechanismen mit der Zieloffenheit des menschlichen Antriebsgefüges und der Reizoffenheit seines Sensoriums in zweierlei Hinsicht zu einer unerhörten Ausweitung seines Welthorizontes.

Die eine Ausweitung besteht darin, dass die ungefilterte Reizempfänglichkeit des menschlichen Sensoriums Anknüpfungspunkt für das an elementare Lebensbedürfnisse nicht gebundene Neugierverhalten werden kann. Alles, was der Mensch wahrnehmen kann, kann für ihn bedeutungsvoll und damit zum Gegenstand einer Auseinandersetzung damit werden. So beispielsweise, bei sich selbst wie bei anderen, all die Umstände, die Gegenstand der sechs Szenarien am Beginn dieser Abhandlung sind. Die andere Ausweitung resultiert aus den an aktuelle Gegebenheiten nicht gebundenen, kategorial erfassten Lebenssachverhalten, die als gedankliche Vorstellungen die Welt für den Menschen über das Hier und Jetzt hinaus erweitern. In räumlicher Hinsicht ermöglichen sie ihm einen Umgang mit Lebenssachverhalten, die außerhalb des räumlichen Bereiches existieren, in dem er sich gerade befindet. Er kann sich gedanklich an beliebige Orte versetzen und die dabei gewonnenen Vorstellungen mit den Gegebenheiten des ‚Hier' verknüpfen. Entsprechend verhält es sich mit der zeitlichen Dimension: So sind ihm über das Jetzt hinaus einmal kategorial erfasste Lebenssachverhalte gedanklich zugänglich und verfügbar, die in der Vergangenheit liegen. In Beziehung gesetzt zu gegenwärtigen, vergleichbaren Lebenssachverhalten können sich Verläufe ableiten lassen, die sich als Erwartung auch in eine noch nicht gegebene Zukunft hinein projizieren lassen.[7] So können Erfahrungen, wie sie ihren Niederschlag in den eingangs beschriebenen Szenarien gefunden haben, mit Symptomen eigener Befindlichkeit in Beziehung gesetzt und daraus Erwartungen für das eigene Schicksal abgeleitet werden.

Die Mühelosigkeit des Umganges mit kategorial erfassten Lebenssachverhalten eröffnet aber auch noch eine andere Konsequenz: Die Erfindung von Welten, die es nur in den Köpfen der Menschen gibt. Im gedanklichen Griff über das Hier und Heute hinaus können sich so vier weitere Ebenen virtueller Gegenwelten entwickeln: Zunächst das nur Vorstellbare, das im Märchen und anderen Phantasien seinen Niederschlag findet. In ihnen können Hoffnungen und Ängste gegenüber der Realität zwar nicht aufgelöst werden, sich aber auf tröstende und damit entlastende Weise Luft machen. So kann die Hoffnung, dass Leiden auch wieder vergehen können, diese jedenfalls vorläufig erträglicher machen. Auf einer nächst höheren Ebene wird ein Teil des nur Vorstellbaren zum Möglichen. In der Utopie verdichten sie sich zu Furcht- oder Wunschbildern. Aus ihnen können Verhaltensoptionen erwachsen, das Wünschbare anzustreben und das zu Fürchtende zu vermeiden. Schmerzlindernde

---

7 v. Lewinski, S. 93

Mittel oder Schonung, aber auch der Tod könnten zu einer Linderung oder einem Ende der Leiden führen. Die nächste Ebene lässt sich als eine imperative beschreiben. In ihr wird Wünschbares zur Forderung. Es findet seinen Niederschlag in sittlichen oder rechtlichen Normen. Sie können für das Verhalten des mit richtungsweisenden Instinkten so mangelhaft ausgestatteten Menschen zu entscheidenden Orientierungs- und Steuerungsmechanismen werden, indem sie das Wünschenswerte zur Richtschnur erheben und vor dem Unerwünschten abzuschrecken suchen. Wenn der Freitod von irdischen Leiden und Hinfälligkeiten befreien kann, sollte man – so könnte eine normbildende Forderung lauten – ihn doch zu einer anerkannten Verhaltensoption machen. Oder aber im Gegenteil: Leiden und Hinfälligkeit müssen eine Herausforderung für mitmenschliche Hilfe, dürfen aber kein Grund sein, Leben anzutasten. In der religiösen oder ideologischen Überzeugung schließlich erhält der gedankliche Griff über das Hier und Jetzt hinaus den Charakter einer Gewissheit, die auf eine Rückkoppelung mit der Realität nicht mehr angewiesen ist, aber in Trost und Halt gebender Weise wie eine solche erlebt wird und handlungsleitend werden kann.[8] Wenn Leiden etwas Gottgewolltes ist und man dem Gott, der dies fordert, vertraut, kann das einen Halt gebenden Sinn entfalten.

---

8 v. Lewinski, S. 96

Sozialisation

Die in so besonderer Weise reiz- und zieloffenen inneren Steuerungsmechanismen für das menschliche Verhalten erhalten von außen her ein formgebendes Korsett durch das soziale Umfeld. Für den neu geborenen Menschen besteht es anfangs aus einem kleinen Kreis von Personen.

Diese um das Neugeborene gruppierten Personen bilden bereits miteinander ein vielschichtiges Beziehungsgeflecht aus abgeglichenen Lebensanschauungen und erprobten Umgangsformen. Dieses Geflecht ist seinerseits eingewoben in andere, zum Teil umfassendere soziale Netzwerke. Es ist zudem eingebettet in bestimmte Lebensumstände. Diese gründen zwar, wie bei allen anderen Lebewesen, auf natürlichen Gegebenheiten. Sie bestehen indessen bereits größtenteils aus Techniken und Einrichtungen der Lebensbewältigung, die Menschen aus den jeweiligen Gegebenheiten und in fortdauernder Auseinandersetzung mit ihnen über viele Generationen hinweg herausgearbeitet, tradiert und weiterentwickelt haben.

Ein für den Gegenstand dieser Abhandlung besonders bedeutsamer Teilbereich der spezifisch menschlichen Techniken und Einrichtungen zur Lebensbewältigung sind Normengefüge, an denen die Menschen ihr Verhalten zueinander und ihr Zusammenleben miteinander ausrichten sollen. Sie bestehen aus werthaltigen Vorgaben, auf die die zuvor beschriebenen Lenkungsmechanismen für menschliches Verhalten emotional bewertend und rational abwägend ansprechen. In ihnen findet sich zusammengefasst, was innerhalb einer Menschengemeinschaft als sittliche Richtschnur, gesetzliche Verhaltensregel oder stillschweigende Übereinkunft gelten soll. Das gilt selbstverständlich auch für den Umgang mit Leben und Tod. Diese Normengefüge wurzeln zumeist in einer bis ins kaum noch Erkennbare zurückreichenden Geschichte und in einem mythisch-religiösen Herkommen, das ihnen in der Vorstellung vieler Menschen den Anschein von etwas Natur- oder Gottgegebenem verleiht. Ob dem tatsächlich so ist, wird uns später noch genauer beschäftigen.[9] Unbestreitbar indessen ist: Es gibt kein für alle Menschen gleiches Werte- und Normengefüge. Vielmehr haben verschiedene Menschengemeinschaften unter unterschiedlichen Lebensbedingungen voneinander durchaus abweichende Normengefüge für ihr Zusammenleben und das, was sie darin als gut und richtig oder falsch und verurteilenswert erachten, entwickelt. Auch dies gilt für den Umgang mit Leben und Tod. Und sieht man sich an, welche Veränderungen diese Regelwerke für den Umgang der Menschen miteinander in der Geschichte durchgemacht haben, dann spricht – jedenfalls was die Ebene der Regelung menschlichen Zusammenlebens in einzelnen Gesellschaften angeht – alles dafür, dass es sich hier um Setzungen derjenigen handelt, die jeweils die Macht dazu haben. Wenn sie sich dabei gern auf historische oder religiöse Autoritäten berufen, dient das nicht selten der Verschleierung sehr eigennütziger Interessen. Gesellschaftliche Normen sind Menschenwerk. Ihre inhaltlichen Ausgestaltungsmöglichkeiten sind nahezu

---

9 s.u. 3.2. (Lebensbewahrung als göttliches Gebot) und 3.3. (Selbsterhaltung als göttliches Gebot?)

beliebig. Ihre Wirkungsmacht hingegen findet ihre Grenzen in der Akzeptanz oder Hinnahmebereitschaft derjenigen, an die sie sich richten. Wir werden mit Blick auf unser Thema auf diesen Sachverhalt im nächsten Teil dieser Abhandlung ausführlicher zurückkommen müssen.[10]

Über das jeweilige soziale Umfeld wird der unfertige Mensch in die Welt eingepasst. Diese Einpassung vollzieht sich in einem Prozess des Verinnerlichens von Anschauungsweisen und Formen der Lebensbewältigung der ihn umgebenden Menschen. Verinnerlichen bedeutet, seine Umgebung Schritt für Schritt so zu erfassen, zu deuten und zunehmend auch zu handhaben, wie sie von den Menschen seiner unmittelbaren Umgebung aufgefasst, gedeutet und gehandhabt wird. Der junge Mensch lernt, die Welt mit den Augen seiner Mitmenschen zu sehen, mit ihren Begriffen zu ordnen und zu gliedern, mit ihren Emotionen und Bewertungen auf ihre Erscheinungen zu reagieren und sich ihre Techniken des Umganges mit den Gegebenheiten dieser Welt anzueignen. Mit einem Satz: er übernimmt sukzessive eine Welt, in der die ihn unmittelbar umgebenden anderen Menschen schon leben.[11]

Über die Sozialisation wird der in die Welt noch weitestgehend einpassungsbedürftige Mensch also zunehmend in Routinegewissheiten der Anschauung und der Bewertung der Welt sowie seines Verhaltens ihr gegenüber stabilisiert. Anders als bei den instinktiv fixierten Adaptionsmechanis-

---

10 s.u. 3.2. (Wertfundamente für die Lebensbewahrung)

11 Berger / Luckmann, S. 140

men anderer Lebewesen bleiben diese Routinegewissheiten aber modifizierbar. Dies gilt nicht so sehr für die in der ersten Phase seiner Sozialisation erworbenen Routinegewissheiten, die in besonderem Maße emotional verankert und intellektueller Reflexion schwerer zugänglich sind, weil sie zumeist als alternativlos verinnerlicht werden. Aus dieser Haut kommt der Mensch deshalb nur noch sehr schwer heraus. Umso mehr indessen gilt das für die in späteren Phasen seiner Sozialisation aufgenommenen Anschauungs-, Bewertungs- und Verhaltensweisen. Sie werden zunehmend in dem Bewusstsein verinnerlicht, dass es auch andere Möglichkeiten gibt, das Leben zu gestalten,[12] Möglichkeiten, die eine stärkere Anziehungskraft ausüben und damit motivierend auf das eigene Streben wirken können. Missbilligt beispielsweise die Gesellschaft den Freitod, kann sich der Einzelne aus dieser kollektivierten Bewertung durchaus lösen und sich das Leben nehmen.

Pluralität von Verhaltensoptionen

Menschen können also ihr Verhältnis zueinander und zur Welt in weiten Teilen selbst bestimmen und demzufolge auch abweichend vom Überkommenen verändern.

Dies war nicht immer so offenkundig, wie es uns jedenfalls in den westlichen Zivilisationen heute bewusst geworden ist. „Vorbei die Zeit, wo äußere Autoritäten (Kirche, Staat, Standesordnung) weitgehend einheitliche Denkweisen und Be-

---

[12] v. Lewinski, S. 72

wertungen haben vorgeben können. Heute gibt es fast zu allen wichtigen Lebensfragen, die uns berühren, eine Vielzahl unterschiedlicher Stimmen: weltanschauliche und Expertenstimmen, die sich zu Wort melden und über die Medien multipliziert werden. Das wird uns im nächsten Teil dieser Abhandlung noch eingehend beschäftigen. Da niemand mehr verbindlich sagen kann, was gut und richtig ist, ist uns ein enormes Maß an Freiheit erlaubt und aufgenötigt zugleich. … Nicht, dass alle alles akzeptabel finden – im Gegenteil, an vielen Fragen scheiden sich die Geister und gehen heftig aufeinander los."[13] Ist aber der gesellschaftliche Raum von einer Vielzahl divergierender Stimmen erfüllt, dann kann es – und das verdient besondere Beachtung – nicht ausbleiben, dass sich dieses Stimmengewirr auch im Einzelnen ausbreitet, dass die Außenstimmen sich mit Eigenregungen verbinden und dass der Einzelne, wenn er vor einer bestimmten Frage steht und in sich hineinhorcht, es in seinem Inneren mit dieser Pluralität heftig zu tun bekommt.[14]

Für diese innere Zerrissenheit hat Schulz v. Thun sehr anschaulich die Metapher vom ‚inneren Team' entwickelt.[15] Jede der Regungen, die sich im Zuge der Auseinandersetzung mit einer bestimmten Situation ‚zu Wort meldet', wird danach repräsentiert durch ein inneres Teammitglied. Die innere Situation eines Menschen gleicht dann häufig einer Konferenz, in der die daran beteiligten

---

[13] Schulz v. Thun, III, S. 46 f.
[14] Schulz v. Thun, III, S. 47
[15] Schulz v. Thun, III, S. 21 ff.

Mitglieder des inneren Teams ihre oft widersprüchlichen Befindlichkeiten und Bedürfnisse einbringen. Und wie in einer realen Konferenz gibt es auch in dieser inneren, virtuellen ‚Ratsversammlung' auf der einen Seite die Stimmen, die sich sofort zu Wort melden und auf der anderen die nachdenklicheren, die sich erst zögernd äußern; hier die lauten, die als erste Aufmerksamkeit finden, dort die leiseren, die man zunächst leicht überhört; solche schließlich, die im Mainstream der jeweiligen Konferenz liegen und andererseits solche, die als ärgerlich, störend, vielleicht sogar als peinlich empfunden werden und deshalb am liebsten ausgeblendet würden. Zu welchen Ergebnissen solche ‚inneren Konferenzen' eines Menschen, auch mit Blick auf eine vorzeitige Beendigung des eigenen Lebens, schließlich führen, wie also ein solches innerliches Tauziehen schließlich endet, ist eine konstitutions-, prägungs- und situationsbedingt offene Frage.

2.3. Das Leben lassen – artgerecht oder krankhaft?

Aus alledem lassen sich nun für unser Thema zusammenfassend folgende Konsequenzen ableiten: Der Mensch ist zwar, wie wir gleich eingangs festgestellt haben, mit starken, elementaren Banden im Leben verankert. Er ist in diesen Verankerungen aber nicht unabänderlich gefesselt. Er ist nicht von Natur aus seinem Leben unreflektiert ausgeliefert, sondern er kann zu ihm ganz unterschiedliche emotionale Affinitäten bilden, dazu bewertend Stellung beziehen, es so wie es ist, angenehm oder unangenehm, gut oder schlecht finden. Er kann auf dieser Grundlage Motivationen entwickeln und Wege suchen, es sich angenehm und lebenswert zu machen. Indem er über das Hier und Jetzt hinausdenken kann, und deshalb – wahrscheinlich anders als die Tiere – weiß, dass sein Leben ohnehin endlich ist, kann er aber auch genauso Präferenzen entwickeln, von seinem Leben ‚Abstand zu nehmen', wenn es ihm nicht mehr lebenswert erscheint und dann nach Wegen suchen, es tatsächlich zu beenden. Die sechs eingangs beispielhaft geschilderten Szenarien über kritisch gewordene Lebenssituationen machen – bei unvoreingenommener Betrachtungsweise – eine solche Entscheidung durchaus nachvollziehbar.

Wenngleich von Fall zu Fall nachvollziehbar, so bleibt doch die Frage, ob ein mutwilliges Beenden des eigenen Lebens nicht Züge von etwas Widernatürlichem, Krankhaftem trägt, jedenfalls dann, wenn deren Ursachen behandelbar, unter Umständen heilbar sind, zumindest aber so weit gelindert werden können, dass der Wille zu leben doch wieder die Oberhand gewinnt.

Für diesen Einwand könnte die Erfahrung sprechen, dass in der größeren Zahl der Fälle, in denen ein beabsichtigter Freitod fehlgeschlagen ist oder verhindert wurde, die betreffenden Menschen zu einer ‚normalen', dem Leben zugewandten Einstellung zurückfinden. Und nicht selten erweisen sich Selbsttötungsversuche als besonders drastische Hilferufe von Verzweifelten, sich ihrer Probleme doch endlich anzunehmen. Wo offenkundig geholfen werden kann, liegt es deshalb nahe, dies auch zu tun.

Wie aber ist es zu beurteilen, wenn, wie in den meisten der eingangs geschilderten Szenarien, die Umstände, die das Leben für den Einzelnen unerträglich machen, nicht mehr wesentlich verbessert werden können oder wenn Menschen die ihnen gebotenen Hilfen ausdrücklich zurückweisen? Insbesondere die letztere Variante wird vielfach als Depression, als krankhafte Gemütsveränderung, gedeutet, für die es durchaus Behandlungsmöglichkeiten gibt, die die als verschattet gedeutete Wahrnehmung der Betroffenen, sowohl was ihre eigene Person als auch ihre Lebensbedingungen anlangt, aufzuhellen vermag.

Hier ist indessen auf Forschungsergebnisse hinzuweisen, die zwar bestätigen, dass von einer Depression Betroffene Misserfolge antizipieren, bereitwillig die Schuld dafür auf sich nehmen und Erfolge eher dem Zufall oder dem Glück als den eigenen Fähigkeiten zuschreiben. Dies ist jedoch nur einer der Aspekte. Ein anderer, beachtenswerter, trat in einer Untersuchung über die Depression als Quelle der Selbsteinschätzung[16] zutage. In ihr „wurden Selbst- und Fremdbeurteilungen depressiver Patienten mit den Beurteilungen von anderen Patientengruppen und Kontrollgruppen nicht gestörter Personen verglichen. Wie erwartet, bewertete die Gruppe der Depressiven sich im Vergleich zu den Gruppen der nicht Depressiven als weniger positiv hinsichtlich sozialer Kompetenzen. Unerwartete Ergebnisse waren die Diskrepanzen zwischen den Selbstbeurteilungen der Patienten und

---

[16] Zimbardo, S. 517 unter Hinweis auf Studien von Lewinson, Mischel, Chapline & Barton 1980

den Beurteilungen durch die Beobachter. Gemessen an der Beurteilung der Beobachter waren die depressiven Patienten in ihren Selbstwahrnehmungen am realistischsten, während die Nichtdepressiven der Kontrollgruppen ihre Selbstbilder in positiver Richtung verzerrten. Dieser ‚illusorische Glanz' wahrgenommener Kompetenz verhalf den Nichtdepressiven zur Aufrechterhaltung positiver Attributionen hinsichtlich ihres Selbst. Das führte auch dazu, dass sie mit größerer Wahrscheinlichkeit auf positive als auf negative Ereignisse aufmerksam wurden und sich mehr positive als negative Ereignisse merkten. Eine realistische depressive Person ‚sieht es, wie es ist', wenn es um negative Rückmeldungen geht."

„Unterstützt wird diese neue Perspektive auf die kognitiv ‚klügere, aber traurigere' Weltsicht der Depressiven durch die Ergebnisse einer anderen Untersuchung,[17] bei der depressive und nicht depressive Studenten mit einer Reihe von Problemen konfrontiert wurden, die sie bewältigen sollten. Die Probleme unterschieden sich im Grad der Kontingenz [*der inneren Abhängigkeit; Anm. d. Verf.*] zwischen den Reaktionen der Versuchspersonen und den erreichten Ergebnissen. Sie waren in unterschiedlichem Ausmaß tatsächlich durch das Verhalten der Person beeinflussbar. Nichtdepressive Studenten verzerrten die Situation in selektiver Weise. Sie überschätzten den Grad der Kontingenz, wenn sie das angestrebte Ergebnis erreichten; blieb das Ergebnis jedoch hinter ihren Erwartungen zurück, so unterschätzten sie das Ausmaß des Zusammenhangs. Sie bewerteten den eigenen Verdienst als

---

[17] Zimbardo, S. 517 f. unter Hinweis auf eine Studie von Alloy & Abraham 1979

zu hoch, wenn die Sache gut ging und nahmen zu wenig Verantwortung für Fehlschläge auf sich, wenn die Ergebnisse nicht wie erwünscht ausfielen. Im Gegensatz dazu lieferten die depressiven Studenten für beide Fälle exakte Einschätzungen des Ausmaßes der Kontingenz, die tatsächlich zwischen ihren Reaktionen und den Ergebnissen bestand.“

Diese Befunde geben Anlass zu mehr Nachdenklichkeit im Umgang mit Menschen, die die Umstände ihres Lebens düsterer, pessimistischer sehen, als andere ihnen dies zugestehen möchten. Wer hier krankhafte Verzerrungen der Wahrnehmung unterstellt, sollte sich klar machen, dass diese näher an den realen Gegebenheiten liegen, als die für normal gehaltenen, die oft das Ergebnis einer – freilich lebenserleichternden – Euphorisierung sind. Der Mensch ist offenbar so angelegt, dass er innerhalb eines breit gefächerten Wahrnehmungsspektrums sich selbst, seine Umgebung und seine Lebenssituation deutlich abweichend von anderen wahrnehmen kann. Und je nachdem, wie er diese Verhältnisse wahrnimmt, kann er in unterschiedlicher Weise dazu Stellung beziehen – in letzter Konsequenz in der Frage, ob er sein Leben weiterleben oder es beenden will. Wenn er seinem Leben unter Umständen, die ihm nicht mehr erträglich erscheinen, ein Ende setzen will, lässt sich dies nicht schlechthin zum biologisch-mentalen Defekt erklären. Und wenn ihn unter eben diesen Umständen etwas – Angst vor dem, was danach kommen mag beispielsweise oder Unentschlossenheit oder moralische Skrupel – davon abhält, aus dem Leben zu scheiden, dann ist dies nicht unbedingt Zeichen einer ‚gesunden‘ biologisch-mentalen Verfassung. Letztlich ausschlaggebend für die Beurteilung der Frage, ob der Wille, seinem Leben ein Ende zu setzen ein seelischer Defekt oder eine menschengemäße Option ist, ist das Normengefüge seines sozialen Umfeldes. Mit ihm wird nicht nur im sozialen Bereich definiert, was als normal zu gelten hat. Man muss sich vielmehr vergegenwärtigen, dass es sich bis in den medizinischen und psychologischen Bereich hinein mit der Festlegung von Standards erstreckt, was noch als gesund und was schon als krankhaft anzusehen ist. Über sie besteht, besonders im seelischen Bereich, unter Fachleuten übrigens weder durchweg Einigkeit noch sind sie unveränderbar. Um nur ein Beispiel zu nennen: In den letzten dreißig Jahren vervierfachten sich sowohl die diagnostizierten Erkrankungen als auch die Zahl der psychotherapeutischen Anbieter.[18] Was ist hier Henne, was Ei? Man kann sich schwerlich dem Eindruck entziehen, dass hinter der Frage, was als Krankheit zu betrachten ist, wie lange und mit welchem Aufwand sie behandelt und Leben, mit welchen Aussichten für den Betroffenen auch immer, dem Tod abgetrotzt werden sollte, auch ein Markt steht. Die damit einhergehenden wirtschaftlichen Interessen bilden eine nicht zu unterschätzende Symbiose mit dem ethisch begründeten Schutz des menschlichen Lebens und sind ebenfalls Teil der Wirkungsmacht des sozialen Umfeldes.

Aus alledem resultierende Normierungen werden zugegebenermaßen weithin Teil der Natur des Menschen, wenn und soweit er mit seiner Sozialisation deren Sichtweisen auf das Leben und dessen Bewertungen verinnerlicht und sie

---

[18] Dörner, Leben und Sterben: die neue Bürgerhilfebewegung, in APuZ 4/2008, S. 21

sich damit zunächst einmal zu eigen macht. Wieweit und wie zuverlässig er dies aber im Einzelfall tut oder durch die Umstände zu davon abweichenden Bewertungen und Schlussfolgerungen gebracht wird, ist eine andere Sache, desto mehr, je offener und widersprüchlicher das Normengefüge selbst in einer Gesellschaft ist.

Dies alles führt nun geradewegs auf die Frage zu, welche Sichtweisen und Bewertungen die Menschen auf das Leben, seinen Sinn und seinen Wert entwickelt haben und in welcher Weise diese für ihr Leben im Zuge ihrer jeweiligen Sozialisation handlungsleitend geworden sind und damit auch künftig handlungsbestimmend sein können.

3. Unverfügbarkeit des Lebens oder Freiheit zum Tode?

Die Gesellschaft als sozialisierendes Lebensumfeld des einzelnen Menschen hatte zu allen Zeiten ein sehr gespaltenes und kontroverses Verhältnis zur Frage der freien Verfügbarkeit des Menschen über sein Leben.

3.1. Die Frage der persönlichen Verfügbarkeit über das Leben im Spiegel der Geschichte

Soweit Überlieferung und Vorstellungskraft zurückreichen, hat der Mensch Anlässe gesehen, seinem Leben ein Ende zu setzen. Aber fast zu allen Zeiten haben die Menschengemeinschaften, in die der Einzelne eingebunden war, diesem die freie Verfügung über sein Leben streitig gemacht, sei es, dass sie ihm ein solches Recht grundsätzlich verweigert haben, indem sie den Suizid tabuisiert, verurteilt und pönalisiert oder zur krankhaften Erscheinung erklärt haben, sei es, dass sie die Bedingungen diktiert haben, unter denen es zulässig, ja geboten war, das eigene Leben einzusetzen und gegebenenfalls zu opfern.

Mit Blick auf die abendländische Geschichte lässt sich – in groben Zügen, aber für unsere Betrachtung ausreichend – folgende Entwicklung skizzieren: In den frühesten, stammesgeprägten Gesellungen, über die es so gut wie keine Aufzeichnungen gibt, war das Zusammenleben der Menschen wohl von stark kollektivistischen und zugleich hierarchischen Zügen bestimmt. Das Überleben hing in besonderem Maße von der Stärke und dem Zusammenhalt der Gruppe ab, die Behauptung in einer wenig wirtlichen, geschweige denn paradiesischen Umgebung nahm alle verfügbaren Kräfte in Anspruch. Wenn es in jener Zeit eine Neigung zur Selbsttötung gegeben haben sollte, die wohl immer einen gewissen Grad der Individualität und Selbstreflexion zur Voraussetzung hat, dann war sie gewiss als ein Akt der Schwächung und inneren Zersetzung der Gruppe verpönt. Die Gruppenmitglieder waren, wie das Vieh oder andere Güter, Besitz der Gruppe oder ihrer Führer, ihre Zerstörung oder Selbstzerstörung ein intolerabler Angriff auf lebensnotwendige Besitzstände. Dieser Aspekt findet sich in dem nun folgenden Entwicklungsabschnitt wieder, in dem man Sklaven weniger als Menschen denn als Sachbesitz ihres Herrn betrachtete, über den dieser, aber eben nur dieser, frei verfügen konnte. Eine andere Bewertung fand demgegenüber die Aufopferung des Lebens von Gruppenmitgliedern für das Überleben der Gruppe oder die Ziele ihrer Führer.

Während jenes Entwicklungsabschnittes, der die griechische und römische Antike umfasst, betrachtete man die Selbsttötung überwiegend als Frevel sowohl gegen die Götter als auch wider die Gemeinschaft. Es hat jedoch den Anschein, als habe man den Frevel gegenüber den Göttern mehr und mehr als eine Angelegenheit des Einzelnen betrachtet und sei nur in Hinblick auf die Bestattungsriten darauf bedacht gewesen, die Götter nicht durch Zeichen der Duldsamkeit zu erzürnen. Als Gesellschaft zeigte man sich sowohl in Griechenland als auch in Rom vielfach bereit, Selbsttötungen zu akzeptieren, wenn die Suizidanten ihren Wunsch, zu sterben zuvor dem Rat der Ältesten, dem Senat, vorlegten und dieser die vorgetragenen Gründe als triftig anerkannte.[19] Als triftig wurden dabei Gründe angesehen, die das irdische Leben unerträglich machten: schwere Krankheit, Schmerzen, unsühnbare Schmach. Die Entwicklung ging Hand in Hand mit der stoischen Lebensauffassung, die dem Leben keinen Wert an sich beimaß, sondern es danach wog, ob und wie lange es einem die Umstände gestatteten, seiner körperlichen und geistigen Kräfte hinreichend mächtig, im Einklang mit der von göttlicher Vernunft durchzogenen Natur dieses Leben zu führen.[20]

In dem Maße, in dem das sich ausbreitende Christentum Einfluss auf das gesellschaftliche Selbstverständnis erlangte und auf die diesseitig-weltliche Rechtsetzung ausstrahlte, wurde die Selbsttötung mehr und mehr zu einem Verbrechen, für das es keinerlei Rechtfertigung oder auch Entschuldigung gab. Der kirchlichen Verteufelung folgten mehr und mehr die weltlichen Gesetze. Sie belegten den Selbstmörder, sofern die Tötung misslang, mit grausamen und abschreckenden Strafen; war sie gelungen, ordneten sie die Schändung seiner Leiche an, verweigerten ihm eine ordentliche Bestattung und nahmen selbst die Angehörigen des Selbstmörders in Haftung, indem sie sie aus der Gemeinschaft ausgrenzten und gestatteten, die Habe des Selbstmörders zugunsten des Standesherren zu konfiszieren.[21] Interessan-

---

19 Durkheim, S. 386 ff.

20 im Einzelnen Decher, S. 44 ff.

21 Durkheim, S. 382 und mit vielen Details Minois, S. 50 ff., 106 ff., 184 ff., 192 ff., 312 ff.

terweise wurde hierbei mit sehr unterschiedlichem Maß gemessen. Während einfache Bürger die volle Wucht der gesetzlichen Konsequenzen zu spüren bekamen, blieb dies den Zugehörigen der gehobenen Schichten oft erspart, sei es, dass man Selbsttötungen als Unfall zu vertuschen verstand, sei es, dass man sie für Taten erklärte, die im Wahnsinn, also in einem Zustand der Zurechnungsunfähigkeit begangen worden seien.[22]

Während die christlichen Kirchen bei einer strikten Verurteilung der Selbsttötung bleiben, setzte sich seit dem 17. Jahrhundert mit der Entdeckung der zunehmend auch durch medizinische Erkenntnisse untermauerten seelischen Erkrankungen als Ursache für einen Tod von eigener Hand eine etwas stärker differenzierende Behandlung der Selbsttötung durch. Unter diesem Aspekt betrachtete man den Suizid nicht mehr unbedingt als Verbrechen.[23] Die Aufklärung tat ein Übriges, um den archaisch-grausamen Umgang mit den Leichen der Selbstmörder abebben zu lassen.

Im Preußen Friedrichs des Großen wurde zu einem für das christlich geprägte Europa frühen Zeitpunkt im Jahre 1751 die Strafbarkeit der Selbsttötung abgeschafft, im ‚Allgemeinen Preußischen Landrecht von 1791' allerdings wieder in Kraft gesetzt. Das katholische Bayern folgte 1813 und setzte wenig später auch die Bestrafung des selbstmörderischen

---

[22] Minois, S. 214 ff., 208 ff.; 283

[23] Minois, S. 208 ff., Mischler, S. 69 ff.

Leichnams aus.[24] Als ein Akt respektierter persönlicher Freiheit war der Suizid damit aber nicht anerkannt. Im öffentlichen Bewusstsein wurde die Straftat lediglich zur behandlungsbedürftigen Krankheit einer in ihrer Willensbildung eingeschränkten Persönlichkeit.

3.2. Wertfundamente der Lebensbewahrung

An anderer Stelle[25] wurde dargelegt, dass das menschliche Verhalten nur zum kleineren Teil instinktgebunden ist, sich vielmehr überwiegend an emotionalen und rationalen Bewertungen orientiert. Ohne die weitgehend unbewusst bleibende, vitale Komponente kreatürlichen Lebenswillens zu unterschätzen, ist damit auch das Leben für den Menschen einer der Sachverhalte, zu denen er wertend Stellung beziehen kann und zugleich beziehen muss, um damit in rechter Weise umzugehen und sich darin zu behaupten. Dabei geht es nicht allein um sein eigenes Leben, sondern gleichermaßen um das Leben von Mitmenschen, auf die der Einzelne in besonderer Weise angewiesen ist. Leben zu schützen und zu bewahren – jedenfalls, soweit es das eigene Leben und das der Menschen betrifft, die für das eigene Leben wichtig sind – ist somit eine existenzsichernde Wertentscheidung für menschliches Verhalten.

Die emotionale Seite dieser Bewertungen wird von Befindlichkeiten gebildet, die Reaktionen auf die jeweilige ei-

---

[24] Mischler, S. 79, 145

[25] s.o. 2.2. (Besondere Bausteine menschlichen Lebenswillens)

gene körperliche und seelische Verfassung sind, sowie auf die Art und Weise, in der die Umgebung dem Betreffenden gegenübertritt. Ihre Grundlage haben sie in den genetischen Anlagen und in der individuellen Sozialisation. Nahrung erhalten sie nicht allein durch die persönlichen Lebensumstände sowie tatsächliche Begebenheiten, die das Gemüt anrühren oder gar erschüttern, sondern – als Folge des erweiterten Horizonts der Menschenwelt[26] – in einem nicht zu unterschätzenden Maße auch durch literarische Vorlagen. Minois[27] belegt mit einer Fülle von Beispielen, wie Schilderungen des Suizids aus den unterschiedlichsten Motiven heraus geradezu ansteckend auf das nachahmende Verhalten der hiervon Ergriffenen gewirkt haben. Eines der herausragenden Beispiele dafür war im ausgehenden 18. Jahrhundert Goethes ‚Werther'.

Die rationale, wenn auch bisweilen sehr spekulative Seite verhaltensleitender Bewertungen stützt sich auf ein andernorts bereits kurz angesprochenes Normengefüge gesellschaftlicher Regelungen. Soweit dieses der Bewahrung menschlichen Lebens gilt, beruht es in den Ausformungen, die es bis in die heutige Zeit hinein erfahren hat, auf drei recht unterschiedlichen Fundamenten: Lebenserhaltung als göttliches Gebot, Lebenserhaltung als Pflicht gegenüber der Gesellschaft und Lebensbewahrung als menschengemäßes Verhalten. Sie haben in einer unübersehbaren Fülle von Äußerungen, Darlegungen und Beweisführungen ihren Nieder-

---

26 s.o. 2.2. (Erweiterter Horizont der Menschenwelt)

27 Die Geschichte des Selbstmords, insbes. S. 166 ff., 230 ff., 384 ff.

schlag gefunden, die hier, auf eine repräsentative Auswahl geistesgeschichtlich besonders wirksamer Protagonisten begrenzt, vorgestellt werden sollen.

Lebensbewahrung als göttliches Gebot

Wie weit man auch die Geschichte der Menschheit zurückverfolgt, immer erscheint das Leben der Menschen in ihren Vorstellungen bestimmt und abhängig von höheren Mächten, die ihnen durch äußere Zeichen oder innere Eingebungen Hinweise darauf geben, inwieweit sie sich diesen Mächten gegenüber wohlgefällig verhalten. Aus diesem Zusammenhang heraus erscheint insbesondere das Leben von einer besonderen Aura der Unantastbarkeit umgeben. Die Tötung, jedenfalls die von als gleichwertig erachteten Stammesgenossen, ist ein Schauder erregender Tabubruch. Verstöße gegen dieses Tabu sind Verbrechen, die schwerste Strafen nach sich ziehen. Soweit diese Strafen ihrerseits in einer Tötung des Mörders bestehen, werden sie als Vollzug eines göttlichen Auftrages verstanden.

Aus diesem magisch-mystischen Bereich um Tod und Tötung haben sich in den meisten Religionen Glaubensüberzeugungen entwickelt, die das menschliche Leben als eine göttliche Gabe oder ein göttliches Vermächtnis betrachten, über die dem Menschen ein freies Verfügungsrecht nicht zustehe. Das gilt seither, zumindest in allen Religionen des westlichen Kulturkreises, jedenfalls fast uneingeschränkt für das eigene Leben.

Aus der griechischen Antike ist zuerst von Platon überliefert, die Selbsttötung sei unerlaubt. Hand an sich zu legen, das hieß für ihn, sich eine Verfügungsgewalt über das eigene Leben anzumaßen, die allein den Göttern zustehe. Nur sie hätten das Recht, über Leben und Tod der Menschen zu bestimmen. Der Mensch habe auf dem Platze auszuharren, auf den die Götter ihn gestellt hätten. Töte er sich selbst, entferne er sich unerlaubt aus der Obhut der Götter, entziehe sich ihrer Fürsorge ohne deren Zustimmung und erzürne sie damit.[28] In seinem Spätwerk – Gesetze – hat Platon dann einen etwas milderen Standpunkt eingenommen, indem er ausführte, die Selbsttötung sei vor allem auch dann verwerflich, wenn sie aus Schlaffheit oder feiger Verzagtheit geschähe. Demgegenüber schien er Verständnis für solche Täter aufzubringen, die einem höchst schmerzlichen und unentrinnbaren Schicksal oder einer unheilbaren Schmach anheim gefallen seien. Auch in solchen Fällen hielt er indessen, etwa mit Blick auf die Bestattung, sühnende Gesten gegenüber den Göttern für geboten.[29]

Mit dem Erstarken des Christentums war es zuerst der Kirchenlehrer Augustinus, der in seinem Hauptwerk, ‚Der Gottesstaat' unter Berufung auf das fünfte Gebot erklärte: Jeder der sich selbst töte, mache sich ebenso wie der, der einen anderen Menschen töte, des Mordes schuldig. Beides seien gleichermaßen abscheuliche Untaten und verderbliche Verbrechen. Weder unerträgliche Leiden noch ein allzu hartes Lebenslos, weder das Erdulden fremden Unrechts noch ein Zuvorkommen einer unausweichlichen fremden Todesdro-

---

[28] Platon, Phaidon Rdn. 61e–62d

[29] Platon, Nommoi, Rdn. 873 c–d

hung oder der eigenen Sünden könne eine Selbsttötung rechtfertigen. Sofern dergleichen bei bis dahin als heilig angesehenen Personen geschehen sei – diese Fälle gab es bereits in der Kirchengeschichte – könne dies wohl nur auf Gottes ausdrückliches Geheiß geschehen sein.[30]

Fast siebenhundert Jahre später gewannen diese Lehren, zumindest in der katholischen Kirchenlehre, ihre bis heute gültige Gestalt durch Thomas v. Aquin. In seinem Hauptwerk ‚Summa theologica' stellte er das Problem der Selbsttötung in einen größeren, gesellschaftspolitische und philosophische Erwägungen mit umfassenden Zusammenhang. Mit seiner theologischen Argumentation gelangte er indessen nicht wesentlich über die Position des Augustinus heraus. Auch für ihn war das Leben ein Geschenk, das Gott dem Menschen übereignet habe und das allein seiner, Gottes, Gewalt unterworfen bleibe. Wer sich selbst des Lebens beraube, der sündige gegen Gott – ähnlich wie der, der einen fremden Sklaven tötet, gegen den Herrn sündige, dem dieser Sklave gehöre.[31] Über Leben und Tod zu befinden, sei allein die Sache Gottes.[32]

Den Christen war damit aufgegeben, die Leiden und Beschwernisse ihres Lebens als Prüfungen Gottes zu tragen und zu ertragen. Anfechtungen, diesen Leiden und Be-

---

[30] Siehe hierzu Decher, S. 21 ff.

[31] Eine zumindest in der Rückschau bestürzende Analogie, macht sie doch deutlich, dass in der Vorstellung auch dieses bedeutenden Kirchenlehrers Sklaven offenbar als bloße Sachen, nicht aber als Menschen angesehen wurden

[32] Decher, S. 34; Minois, S. 56

schwernissen auszuweichen, setzte man die Vergebung ermöglichende Beichte sowie Verheißungen auf ein besseres Leben nach dem Tode entgegen, wenn das gegenwärtige denn gottgefällig geführt worden war. Das verzweifelte Nachgeben in den selbstgewählten Tod wurde als Teufelswerk betrachtet, dem man mit Furcht erregenden Androhungen von Hölle und Fegefeuer, der Verweigerung eines ordentlichen Begräbnisses und mit abschreckenden Bestrafungen des Hand an sich Legenden und seines Leichnams zu begegnen suchte.

Etwas zwiespältig waren die Kirchenväter in der Frage des Opfertodes um einer wirklich oder vermeintlich höherwertigen Sache willen. Sollte die Selbsttötung auch dann Sünde sein, wenn man durch sie der Begehung anderer auch schwerer Sünden zuvorkäme oder um des rechten Glaubens willen den Märtyrertod erlitte? Immerhin gab es hier biblische Beispiele, in denen Selbstaufopferungen die Heiligsprechung zur Folge gehabt hatten. Sowohl Augustinus als auch Thomas von Aquin blieben bei dem Grundsatz, dass keine Sünde und kein Anlass groß genug seien, um eine Selbsttötung zu rechtfertigen. Die Sache mit den heiligen Selbstmördern wurde unverändert dahingehend gelöst, dass diese ihren Suizid wohl auf ausdrückliche göttliche Weisung begangen hätten. In gleicher Weise müssen die Kirchenführer wenig später die Kreuzzüge betrachtet haben, in denen unzählige Kreuzfahrer für ihren Glauben das Leben hergaben.

Lebensbewahrung als Pflicht gegenüber der Gesellschaft

In einem früheren Zusammenhang wurde schon hervorgehoben, wie sehr der Mensch für seine Lebensfähigkeit auf die Gemeinschaft mit seinen Artgenossen angewiesen ist und dass er entscheidend durch seine Sozialisation in dieser Gemeinschaft geprägt und beeinflusst wird.[33] Zum Ausgleich eines weitgehend fehlenden oder erodierten Instinktgefüges musste die menschliche Spezies verhaltensstabilisierende und -leitende Normen entwickeln. Sie haben rational die Gestalt von Rechten und Pflichten angenommen.

Die Wurzeln für die Pflicht gegenüber der Gesellschaft zur Bewahrung des eigenen Lebens mögen – wie bereits kurz angedeutet – in dem Erleben der noch jungen Spezies Mensch gelegen haben, in besonderer Weise existenziell aufeinander angewiesen zu sein. Von alters her mussten Menschen Gefahrengemeinschaften bilden, um sich in der sie umgebenden Welt behaupten zu können. Ihre Überlebenschancen hingen sehr wesentlich von den Leistungen ab, die der Einzelne im zweckdienlichen Zusammenwirken mit den anderen in diese Gemeinschaften einbringen konnte. Gemeinsam war man stark, alleine stand man auf verlorenem Posten. Dies insbesondere, weil Menschen – soweit sich das zurückverfolgen lässt – überdurchschnittlich lange Zeit brauchten, bis sie überhaupt eine mittragende Funktion in diesen Lebensgemeinschaften übernehmen konnten. Der

---

33 s.o. 2.2. (Sozialisation)

Beitrag des Einzelnen zur Gemeinschaft stärkte diese; der Tod von Leistungsträgern schwächte sie. Folgerichtig waren deshalb Auseinandersetzungen zwischen Menschengruppen, Stämmen, später Völkern davon geprägt, die jeweils anderen, wenn sie als Bedrohung oder Beschränkung des eigenen Lebensraumes empfunden wurden, zunächst physisch zu dezimieren, um sich dann die Leistungskraft der Übrigbleibenden zu unterwerfen, sie zu Sklaven und damit ihre Kapazitäten für sich selbst nutzbar zu machen. Der Nutzen des Einzelnen für den Fortbestand der Gruppe machte sein Leben wertvoll. Es anzutasten – sei es das Leben eines anderen Gruppenmitgliedes, sei es das eigene Leben – war ein Angriff auf die Durchsetzungsfähigkeit der Gruppe, von der wiederum das Überleben des einzelnen Gruppenmitgliedes abhing.

Waren Tötung und Selbsttötung von Gruppenmitgliedern also wohl vom Anfang aller menschlicher Gesellung an Verstöße, gegen die sich diese Gemeinschaften zur Wehr setzten, fand die Verurteilung der Selbsttötung in der abendländischen Geschichte eine erste markante Begründung bei Aristoteles in seiner ‚Nikomachischen Ethik'. Er sah darin einen Akt der Verantwortungslosigkeit gegenüber dem Gemeinwesen, dem Staate, der diesen berechtige, den Suizidanten zu bestrafen, denn es hänge über dem, der sich selbst töte, die Ehrlosigkeit dessen, der sich gegen den Staat vergangen habe.[34] Dies galt auf jeden Fall für die Selbsttötung aus persönlichen Gründen. Wenn er andererseits im gleichen Werk

---

[34] Minois, S. 76; Decher, S. 20

erklärte, dass der wahrhaft Großgesinnte sein Leben nicht schone, da es sich nicht lohne, unter allen Umständen zu leben,[35] wird er dabei den Opfertod für eine höherwertige Sache, beispielsweise den Erhalt des Gemeinwesens im Auge gehabt haben.

Fünfzehnhundert Jahre später wurde dieser Gedanke von Thomas von Aquin erneut und unter Berufung auf Aristoteles ins Spiel gebracht. Jeder beliebige Teil, so argumentierte er, gehöre mit dem, was er sei, dem Ganzen. Auf den Menschen und seine Lebensform übertragen heiße das: Der Mensch sei ein Teil der Gemeinschaft, in der er eine Rolle zu spielen habe; folglich gehöre das, was er sei, der Gemeinschaft. Wer sich umbringe, begehe ein Unrecht gegenüber der Gemeinschaft.[36]

Weitere dreihundert Jahre später wurden diese Überlegungen von Diderot weiter ausgesponnen. Er postuliert so etwas wie eine Pflicht zu leben: Man müsse so lange wie möglich existieren, „für sich, für seine Freunde, für seine Verwandten, für die Gesellschaft, für die Menschheit ... Wer gegen das Gesetz der Erhaltung verstößt, tritt diese Beziehungen mit Füßen". Der Mensch sei ein gesellschaftliches Wesen, das mit anderen Menschen in vielfältigen, wechselseitigen Beziehungen stehe. Sie willkürlich, zum Beispiel durch Selbsttötung zu lösen, gehe aufgrund des Vertragscharakters solcher Verhältnisse nicht, ohne dass den anderen ein Unrecht zugefügt werde.[37] Eine ähnliche, wenngleich nicht eben im Mittel-

---

35 Minois, S. 76 mit Verweis auf die Nikomachische Ethik, IV, 8, 1124 b 8

36 Decher, S. 33; Minois, S. 56

37 Decher S. 75 ff.

punkt seiner Überlegungen stehende Argumentation findet sich auch bei Diderots Zeitgenossen Kant.[38]

Ein weiterer Repräsentant dieser Geistesrichtung war Emile Durkheim, der dem Problem des Suizids im Jahre 1887 die bisher umfassendste soziologische Studie gewidmet hat.[39] Über eine gründliche Analyse der Selbsttötung als personales und gesellschaftliches Phänomen hinaus hat er von seiner Warte aus die Frage aufgeworfen, wie die Zulässigkeit der Selbsttötung zu beurteilen sei. Durkheim argumentierte wie folgt: Das einzige Bindeglied, das die umfänglicher und komplexer gewordenen, sozial ausdifferenzierten, stark arbeitsteiligen Gesellschaften heute letztlich noch verbinde, sei die Tatsache, dass ihre Glieder Menschen seien. Der Mensch als Person, d.h. als geistiges, auf Sozialität angewiesenes und gemeinschaftsbildendes Wesen, habe auf diese Weise eine außergewöhnliche Bedeutung für die Gesellschaft gewonnen. Sie erhebe sich daher über alle menschlichen Zielsetzungen hinaus zu etwas geradezu Religiösem. Liebe und Achtung des Kollektivs genieße der Mensch deshalb nicht mehr als einzelnes empirisches Wesen, sondern der Mensch schlechthin als ideale Humanität, wie sie sich jedes Volk in jedem Augenblick seiner Geschichte vorstelle. Das hindere einerseits die Gesellschaft daran, über das Leben des Einzelnen zu verfügen. Dasselbe stehe aber auch dem einzelnen Menschen nicht mehr zu. Er sei vielmehr verpflichtet, dieses letzte

---

38 Kant, S. 554

39 Emile Durkheim: Der Selbstmord

Band, welches das Kollektiv zusammenhält, nicht zu zerreißen, indem er sich aus eigenen Stücken aus diesem Kollektiv löse.[40]

Lebensbewahrung als menschengemäßes Verhalten

Die Forderung, das eigene Leben zu bewahren, ist im Laufe der Geistesgeschichte noch auf ein weiteres Fundament gegründet worden: auf die Natur des Menschen als solche. Dabei hat sie drei in der Sache unterschiedliche Ausformungen erfahren. Die erste sucht Verhaltensmaximen aus dem dem Menschen angeborenen Selbsterhaltungstrieb abzuleiten; die zweite lässt sich als moralischer Anspruch des Menschen an sich selbst als sittliche Person beschreiben; die dritte schließlich sieht in Lebensmüdigkeit oder Lebensüberdruss eines Menschen eine krankhafte Erschütterung oder Zerrüttung der menschlichen Natur, der schützend und möglichst heilend zu begegnen sei.

Eine Ableitung von Handlungsnormen aus der Natur des Menschen findet sich zuerst bei Thomas von Aquin. Der Mensch sei von Natur aus mit einem Selbsterhaltungstrieb und damit zugleich mit einer Liebe zu sich selbst ausgestattet. Hiergegen die Hand zu erheben sei ein Frevel gegen die Natur, denn es widerspreche der natürlichen Neigung zu leben und der Pflicht, sich selbst zu lieben.[41] In gleicher Rich-

---

[40] s. Durkheim, S. 395 f.
[41] Decher, S. 39; Minois, S. 56

tung weisen vierhundert Jahre später, ohne dass dabei ausdrücklich auf die Problematik der Selbsttötung eingegangen wird, die Ausführungen von Thomas Hobbes in seinem ‚Leviathan' sowie von John Locke. Nach Hobbes sei die menschliche Natur wesentlich Streben nach Selbsterhaltung; Selbsterhaltung habe den Status einer Naturnotwendigkeit. Hieraus resultiere nicht nur das natürliche Recht, alles zu tun, was im Lichte seines Strebens, sich selbst zu erhalten, geboten erscheine. Sich selbst zu erhalten, sei ein Gebot der Vernunft.[42] Ähnlich Locke: Die Natur des Menschen verpflichte jeden, sich selbst zu erhalten und seine Selbsterhaltung nicht zu gefährden. Deshalb dürfe niemand seinen Platz im Leben freiwillig verlassen.[43]

Auch Rousseau und Spinoza teilten den zuvor skizzierten Denkansatz, zeigten allerdings mehr Verständnis dafür, wenn Menschen unter bestimmten Umständen ihrem Leben selbst ein Ende setzen. Rousseau führte dies zurück auf den Wandel des Naturwesens Mensch, dem es an nichts gefehlt habe, zu einem gesellschaftlichen Wesen, dessen Lebensbedingungen ihm das Dasein so verleiden könnten, dass einigen von ihnen der Selbstmord als einziges Mittel erscheine, diesem Dasein zu entkommen. So anerkannte er den Tod als Erlösung von den als unerträglich empfundenen Leiden, die das Leben mit sich bringt. Aber das Bewusstsein der Sterblichkeit war in seinen Augen für den Weisen gerade ein Grund, sich nicht das Leben zu nehmen, sondern sich in die Leiden des Lebens zu

---

[42] Decher, S. 62 mit Hinweisen auf die Ausführungen von Hobbes

[43] Decher, S. 64 f. mit Hinweisen auf die Ausführungen von Locke

fügen. Denn aus der Hoffnung auf ein Ende könne er die Kraft gewinnen, diese Leiden zu ertragen.[44] Für Spinoza schließlich blieb die Selbsttötung ein Vergehen wider die als höchste Tugend des Menschen eingestufte Selbsterhaltung. Er sah jedoch, dass die Kraft des Menschen, am Leben festzuhalten, von der Macht der äußeren Ursachen unendlich übertroffen wird und zeigte, wie es scheint, Verständnis dafür.[45]

Lebenserhaltung als moralischer Selbstanspruch an den Menschen als sittliche Person findet sich zuerst bei Immanuel Kant. Selbstentleibung sei vornehmlich die Verletzung einer Pflicht gegen sich selbst. Der Mensch sei als einziges Lebewesen so geschaffen, dass ihm die Welt der Moralität, der Sittlichkeit einsichtig sei und er sich nach ethischen Wertmaximen verhalten könne. Zerstöre er sich selbst, bedeute dies, die Sittlichkeit selbst, soviel davon an ihm selbst sei, aus der Welt zu tilgen. Dies sei ein Verbrechen.[46] In Kants Fußstapfen präzisierte Johann Gottlieb Fichte: „Ich bin ein Werkzeug des Sittengesetzes.“[47] Daraus ergebe sich die Pflicht des Menschen, sich selbst zu erhalten. Das bedeute, Pflicht zur Erhaltung des Lebens mit dem Ziel einer Kultivierung des Geistes,[48] denn das Leben sei die Voraussetzung dafür, dass der Mensch das Sittengesetz ausführen könne. Und dies zu tun, gebiete wiederum das Sittengesetz selbst. „… Das Sittengesetz verlangt es immer und zu jeder Stunde meines Lebens,

---

[44] Decher, S. 66 ff. mit Hinweisen auf die Ausführungen von Rousseau

[45] Decher, S. 70 mit Hinweisen auf die Ausführungen von Spinoza

[46] Kant, S. 315 ff., 554 f.

[47] Fichte, S. 256

[48] ebd. S. 259

dass ich das gegenwärtige [*Leben*] fortsetze, denn in jeder Stunde meines Lebens gibt es etwas für mich zu tun: die Sphäre aber, in der es zu tun ist, ist die gegenwärtige Welt."[49] Aus alledem folgert Fichte, die Selbsttötung sei pflichtwidrig und mithin moralisch verboten. Fichte konzediert demjenigen, der aus Verzweiflung oder Kränkung Hand an sich legt, zwar Seelenstärke. Weit größere erfordere indessen der Entschluss, ein Leben zu ertragen, das von nun an nichts anderes als Leiden erwarten lasse. Ein solches Leben zu leben sei der „Triumph" des Sittengesetzes, die „reinste Darstellung der Moralität".[50]

Auch Hegel hat sich mit der Zulässigkeit auseinandergesetzt, sich das Leben zu nehmen. Als Person habe der Mensch sein Leben und seinen Körper nur, soweit es sein Wille sei. Und weil er es wolle, hätte er das Recht zu leben. Das scheint darauf hinzuführen, dass es dann auch das Recht geben könnte, das Leben in bestimmten Situationen nicht mehr zu wollen. Ein solches Recht bestritt Hegel aber entschieden. Den Tod könne der Mensch nur von außen als eine Natursache oder im Dienste einer Sache von fremder Hand empfangen.[51] Seine Begründung blieb indessen dunkel und wirkt gekünstelt: Im Leben der einzelnen Person komme die ‚Totalität der Tätigkeit' zum Ausdruck, in der sich der ‚allgemeine Geist, der Geist der Welt' realisiere. Dem Walten dieses postulierten, als Inbegriff der Vernunft gedachten Weltgeistes,

---

[49] ebd. S. 262

[50] ebd. S. 265

[51] Decher, S. 117 mit Nachweisen bei Hegel

der den Gang der Weltgeschichte als Gericht über die Welt ausübe, habe die einzelne Person Raum und Entfaltungsmöglichkeiten zu lassen. Mit dem selbst gesuchten Tod aber verhindere sie das.

Unter den Anwälten, die sich für die Behauptung des Menschen im Leben einsetzen, ist schließlich Albert Camus zu nennen. Er hat die Problematik des Selbstmords geradezu zum Ausgangspunkt seines Philosophierens gemacht: „Es gibt nur ein wirklich ernstes philosophisches Problem: den Selbstmord."[52] Für ihn bestand das Dilemma des Menschen in der Absurdität, dass der Mensch Sinn suchend fragt, die Welt ihm gegenüber aber hierüber schweigt.[53] Den Menschen, die dessen gewahr würden, trete dieses Problem in den immer gleichen Routinen des täglichen Lebens entgegen. In einem Gefühl von Überdruss und Erstaunen fragten sie sich: warum?[54] Da die Welt auf diese Frage von sich aus keinerlei Sinn preisgebe, blieben dem Menschen zunächst nur zwei Auswege. Vor dieser Frage auszuweichen, sich von ihr instinktiv abzuwenden und zu den alten Routinen zurückzukehren[55] oder sein Heil in der Transzendenz zu suchen, den Sprung in die Irrationalität des Glaubens zu wagen.[56] Beides war für Camus eine Flucht, die sich aus Gründen der Vernunft verbiete. Ein Mensch sei immer ein Opfer seiner Wahrheiten. Habe er sie einmal erkannt, so

---

52 Camus, S. 9
53 Camus, S. 29
54 Camus, S. 16
55 Camus, S. 16
56 Camus, S. 36

könne er sich nicht mehr von ihnen frei machen. Einem Menschen, dem das Absurde einmal bewusst geworden sei, bleibe für immer daran gebunden.[57] So fragte Camus sich, „wie man da herauskommt und ob aus diesem Absurden der Selbstmord zu folgern ist“[58]. Diese Logik gab es für ihn aber nicht. Angesichts der Sinnlosigkeit der Welt mache es vielmehr den Wert des Sinn suchenden Menschen aus, davor nicht zu resignieren, sondern dem Absurden ins Auge zu sehen und sich dagegen aufzulehnen, selbst wenn der Einzelne nicht erwarten könne, dass sich seine Sinnsuche innerhalb seines Lebens erfülle.[59] So verkörperte sich für Camus das dem Menschen durch seine Wesensart bestimmte Schicksal, sich unerschütterlich gegen die Sinnlosigkeit der Welt aufzulehnen, im Mythos vom Sisyphos. Der Selbstmord war für Camus kein Ausdruck der Auflehnung sondern im Gegenteil nur die resignative Anerkennung ihrer Grenzen.[60]

Eine dritte Ausformung der Forderung nach Lebensbewahrung unter dem Gesichtspunkt menschengemäßen Verhaltens erwuchs aus der Vorstellung, es müsse sich um eine krankhafte Erscheinung handeln, wenn Menschen den Tod suchten. Zunächst bewegte sich diese Vorstellung in der Nähe des Wahnsinnes, einer Erscheinung, die auf der Grenze zwischen teuflischer Besessenheit und Verhexung auf der ei-

---

[57] Camus, S. 32, 47
[58] Camus, S. 31
[59] Camus, S. 50
[60] Camus, S. 49

nen und Gemütskrankheit auf der anderen Seite angesiedelt war. Ab dem 17. Jahrhundert begann man aber zunehmend zu begreifen, dass es vor allem durch äußere Umstände oder innere Gefühlsverwerfungen bedingte Zustände anhaltender Verzweiflung, Melancholie oder Ausweglosigkeitserlebnisse waren, die das Gemüt der Menschen verdüsterten und sich schließlich in einer Selbsttötung Bahn brachen.[61]

Folgt man den andernorts[62] bereits kurz erwähnten Forschungsergebnissen der Psychologie und Psychiatrie, sieht es so aus, als beruhten viele Selbsttötungsversuche auf Umständen, die sich in einer Weise ändern lassen, dass der Wunsch, aus dem Leben zu scheiden, in sich zusammenfällt. Depressionen, unerträgliche Schmerzen und Süchte, alles mögliche Ursachen, lassen sich medikamentös und psychologisch lindern. Krisen, Notlagen und Isolation, aus denen ein Mensch momentan keinen Ausweg sieht, können sich oftmals mit Hilfe anderer oder oft auch nur mit ein wenig Abstand in einer Weise auflösen, die das Leben dann durchweg wieder erträglich erscheinen lässt. Man hat gelernt, dass Andeutungen von Selbsttötungsabsichten nicht selten bewusste Hilferufe eines in körperliche, seelische oder soziale Not geratenen Mitmenschen sind. Und viele erfahrenen Ärzte, Psychologen, Seelsorger und Sozialhelfer wissen von Fällen zu berichten, in denen Menschen, die versucht hatten, sich das Leben zu nehmen, in stabile Lebensverhältnisse zurückgefunden haben, keine neuerlichen Suizidversuche mehr unternehmen

---

[61] Minois, S. 208 f., 283; Mischler, S. 68 ff.

[62] s.o. 2.2. (Das Leben lassen – artgerecht oder krankhaft?)

und nicht selten aus der Rückschau ihr selbstzerstörerisches Verhalten nicht mehr recht verstehen.

Über diesen Betrachtungsweisen verlor die Selbsttötung mehr und mehr ihr bisheriges sündhaftes und kriminelles Odium. Im Gegenzug mobilisierte sie indessen die Verantwortung der Mitmenschen und der Gesellschaft, sich dessen, der sich umbringen will, mit dem Ziel anzunehmen, ihn davor zu bewahren und ihn von dieser Absicht abzubringen. Damit waren die Fundamente für die bis heute anhaltende ‚Medizinalisierung' des Freitodes gelegt.[63]

3.3. Verbindlichkeit der Wertfundamente für die Bewahrung des Lebens

Was ist von der Geltungskraft all der Gebote und ihren Begründungen zu halten, die das menschliche Leben vor einem Zugriff ihrer Träger bewahren sollen und – noch vorab gefragt – konnten und können diese oft sehr abstrakten und zum Teil spekulativen Wertsetzungen überhaupt verhaltensbestimmend auf die Menschen wirken, die Hand an sich legen, weil sie unerträglich leiden oder keinen Sinn mehr in ihrem Dasein finden?

Auf den ersten Blick ist es schwer vorstellbar, wie die moralischen Postulate der zitierten Kirchenlehrer, Philosophen und anderen Denker unmittelbaren Einfluss auf diejenigen haben konnten, die vor der Entscheidung standen, sich das

---

[63] Mischler, S. 70 f.

Leben zu nehmen. Dies allein schon deshalb, weil die wenigsten von ihnen je in diese Gedankenwelten eingetaucht waren und ihre Urheber überhaupt kannten. Und wenn sie etwas davon wussten, dann werden sich diese Gedanken und Appelle merkwürdig blass und abgehoben auf dem Hintergrund der aktuellen Nöte ausgenommen haben, die sie veranlassten, Hand an sich zu legen. Und all das, was hier in der Vergangenheit galt, gilt bis in die unmittelbare Gegenwart.

Dennoch haben sie ihre Wirkung entfaltet und entfalten sie weiter, indem sie, sprachlich mehr und mehr auf den Verständnishorizont auch weniger gebildeter Menschen heruntergebrochen, von Schülern und Gefolgsleuten der großen Geister in die Gesellschaft hineingetragen wurden, allgemeinverständlich übersetzt von Geistlichen in Predigten, von Eltern und Lehrern an ihre Kinder weitergegeben, von Gesetzgebern in Vorschriften gegossen und mit rechtlichen Konsequenzen versehen, von Richtern für alle möglichen Einzelfälle ausgedeutet und von Schriftstellern zu Werken geformt, die die Menschen emotional zu packen wissen. Hierdurch ist ein sich fortentwickelndes kollektives Bewusstsein entstanden, das mit der Ächtung kollektiv missbilligter und der Ermutigung zu gutgeheißenen Verhaltensweisen einen handlungsleitenden Druck ausübt, der die Sozialisation jedes Einzelnen wesentlich mitbestimmt und so sein Verhalten, ohne dass ihm dies jederzeit bewusst werden muss, in stabilen Bahnen hält. Erst in konkreten Konfliktfällen werden ihm diese Einflüsse fragwürdig und zum Problem.

Zu solchen Konfliktfällen gehören die inneren und äußeren Lebensumstände, die Menschen an die Schwelle zu dem Entschluss bringen, sich das Leben zu nehmen. Haben angesichts von Situationen, wie sie beispielhaft zu Beginn dieser Abhandlung geschildert wurden, die im vorhergehenden Kapitel ausgebreiteten, gängigen Verhaltensmaximen dann genügend Überzeugungskraft oder erzeugen sie einen ausreichenden gesellschaftlichen Druck, um Halt zu bieten gegenüber den Kräften, die den Tod als einzig gangbaren Ausweg sehen?

Die Geschichte der Selbsttötungen, von Minois und anderen auf eindrucksvolle Weise dokumentiert, beweist, dass dieser gesellschaftliche Druck zu keiner Zeit ausgereicht hat, um Menschen daran zu hindern, sich das Leben zu nehmen. Und wie stark dieser Druck die Menschen zeitweise auch in seinem Bann zu halten suchte, so entwickelten sich immer wieder Anschauungen und Praktiken, die diese auf den ersten Blick so monolithisch geschlossen erscheinenden Verhaltensgebote in Zweifel gezogen und ihre argumentative Kraft erschüttert haben. Lassen sie sich entkräften oder entkräften sie selbst die gebotenen Verhaltensweisen?

Selbsterhaltung – gottgewollt?

Mit Blick auf göttliche Gebotes ist zunächst die Stoa zu nennen, die in der griechischen und römischen Antike ein anderes Verständnis von Leben und Tod entwickelt hatte und die über Jahrhunderte hinweg als beispielgebend galt.[64] Ihren Lehren lag die Annahme zugrunde, das Universum werde

---

[64] das Folgende ist der zusammenfassenden Darstellung bei Decher, S. 44 ff. entnommen

von einer göttlichen Kraft durchströmt, die sie Logos, also Vernunft, und Pneuma nannte, was soviel bedeutete wie belebender Atem. Die menschliche Seele begriffen sie als Abbild der göttlichen Vernunft, des göttlichen Atems. Auf diese Weise habe der Mensch teil an dem Logos, der den Kosmos durchwirke, seine Natur stimme wesentlich überein mit der Natur des Universums. Hieraus resultierte für die Stoiker die Forderung, in Übereinstimmung mit der Natur zu leben. Da sie Natur mit Vernunft gleichsetzten, war der Einzelne gehalten, ein vernunftgemäßes Leben zu führen. Das bedeutete zum einen, sich seinen Trieben, Begierden und Wünschen gegenüber zu behaupten, leidenschaftslos zu sein, zum anderen, den Gütern dieser Welt gegenüber eine distanzierte Haltung einzunehmen. Von den Gütern, zu denen die Stoiker Tugenden wie Einsicht, Selbstbeherrschung, Gerechtigkeit und Tapferkeit zählten, unterschieden sie deren Gegenteil (Unverstand, Zügellosigkeit, Ungerechtigkeit und Feigheit) als Übel und darüber hinaus gleichgültige Dinge, zu denen sie Leben und Tod rechneten. Solange ein der göttlichen Vernunft entsprechendes Leben möglich war, galt es ihnen als etwas Gutes, in dem zu verharren war. Traten hingegen Lebensumstände ein, die dies verhinderten, war es nach ihrer Auffassung angebracht, nach reiflicher Überlegung dem Leben ein Ende zu setzen. Im Laufe der Zeit kristallisierten sich fünf Komplexe von Lebensumständen heraus, die es moralisch rechtfertigten, sich das Leben zu nehmen: Die Aufopferung für das Vaterland; unausweichlicher tyrannischer Zwang, ungerechte oder unsittliche Handlungen zu begehen; langwierige Krankheit, die den Leib daran hinderte, der Seele als Werkzeug zu dienen; Armut und absoluter Mangel an Nahrung; schließlich Geisteskrankheit.[65]

Im 18. Jahrhundert entwickelte David Hume eine Sicht göttlichen Willens und Wirkens, die die Selbsttötung vom Odium des Frevels befreite. Gott als der allmächtige Schöpfer aller Dinge habe den Lauf der Welt so eingerichtet, dass in der materiellen Welt alles nach allgemeinen und unveränderlichen Gesetzen geschehe. Die Lebewesen in ihr habe er mit körperlichen Kräften, Sinnen, Leidenschaften, Begierden, Gedächtnis, Urteilskraft und anderem ausgestattet, durch die er die belebte Welt lenke. So würden die Kräfte des Menschen und aller anderen Lebewesen durch die Natur und die Eigenschaften der sie umgebenden materiellen Welt eingeschränkt und gelenkt, während der Zustand und die Bewegungen der Materie unaufhörlich durch die Lebewesen verändert werden.[66] Welt und Mensch seien so durch allgemeine und unveränderliche Gesetze geleitet, in denen der göttliche Wille sich manifestiere. Wörtlich: „Wenn die Leidenschaften entflammen, wenn die Urteilskraft etwas gebietet, wenn die Gliedmaßen gehorchen, dann ist das alles die Handlung Gottes, und sowohl auf diesen belebten als auch auf den unbelebten Prinzipien hat er die Lenkung der Welt errichtet."[67] Wenn damit alles menschliche Verhalten, das immer auch Eingriffe in die Natur beinhalte, Ausdruck göttlicher Gesetze sei, dann könne auch die Selbsttötung eines Menschen kein

---

65 Im Einzelnen Decher, S. 44 ff.
66 Hume, S. 91
67 Hume, S. 92

Eingriff sein, der die göttliche Vorsehung durchkreuze. Das, was geschehe, ereigne sich nur aufgrund jener Kräfte und Prinzipien, mit denen der Schöpfer seine Geschöpfe ausgestattet habe. Eben darin beweise sich, dass die göttliche Vorsehung unverletzlich sei, sie liege „weit jenseits des Bereiches menschlichen Zugriffs“[68]. Die Meinung sei deshalb unhaltbar, sich das Leben zu nehmen sei eine Verletzung menschlicher Pflichten gegenüber seinem Schöpfer. Im Gegenteil müsse man der Vorsehung sogar dankbar dafür sein, dass sie dem Menschen die Macht verliehen habe, dem Übel, das ihn bedrängt, zu entfliehen.[69]

Aus der christlichen Glaubensperspektive verdienen die Überlegungen des Schweizer Fundamentaltheologen Hans Küng besondere Beachtung. Auch wenn ihm – während des Zweiten Vatikanischen Konzils theologischer Konzilsberater – im Jahre 1979 die kirchliche Lehrbefugnis entzogen wurde, blieb er, nun Hochschullehrer an der Universität Tübingen, fest in christlichen Glaubensüberzeugungen verwurzelt.

In seinem 1995 erschienenen Werk ‚Credo‘ spricht er sich für eine aus christlicher Sicht andere Einstellung zum Sterben aus. Angesichts der früher unvorstellbaren Möglichkeit, das Leben zu verlängern, auch wenn es nur noch ein Dahinvegetieren ist, werde auch dem Christen bewusst, dass die Verantwortung für das Leben auch die für das Sterben einschließe. Gewiss sei menschliches Leben Gottes Gabe, aber nach Gottes Willen auch des Menschen Aufgabe. Gewiss sei

---

[68] Hume, S. 95
[69] Hume, S. 94

menschliches Leben ‚Gottes Schöpfung', aber nach des Schöpfers Auftrag auch des Menschen Verantwortung. Gewiss müsse der Mensch bis zu dem ‚verfügten Ende' durchhalten, aber welches Ende sei denn verfügt? Und gewiss sei eine ‚vorzeitige Rückgabe' des Lebens ein menschliches Nein zum göttlichen Ja, aber was heiße angesichts eines physisch oder/und psychisch zerstörten Lebens ‚vorzeitig'?[70] Und er folgert aus alledem: „Nicht weil das Leben des lebensunfähigen Säuglings, des unheilbar Kranken oder definitiv Bewusstlosen ein ‚lebensunwertes' Leben … wäre, stellt sich die Frage der Sterbehilfe, sondern umgekehrt: Gerade weil der Mensch in jedem Falle Mensch ist und bleibt, hat er das Recht auf ein menschenwürdiges Leben und auch ein Recht auf ein menschenwürdiges Sterben! Dieses Recht wird ihm unter Umständen durch endloses Hängen an Apparaturen oder Medikamenten verwehrt, wenn nämlich nur noch … ein vegetatives Dasein möglich ist. Je mehr eine Steuerung der Lebensprozesse möglich ist, desto mehr Verantwortung ist in die Hände des Menschen gelegt, und dies hat besonders für den Anfang und das Ende des Menschenlebens einen in unserer Gesellschaft feststellbaren Wandel des Wert- und Normenbewußtseins zur Folge. … Jetzt wird uns mit den phantastischen Fortschritten der Medizin immer mehr bewußt, dass auch das Ende des Menschenlebens mehr als bisher in die Verantwortung (nicht die Willkür!) des Menschen gelegt ist von … Gott, der nicht will, dass wir ihm eine Verantwortung zuschieben, die wir selbst tragen

---

[70] Küng, S. 242 f.

können und tragen sollen. … Der Staat (die Nazi-Euthanasie warnt uns für alle Zeiten) hat hier allerdings nichts zu suchen; keine Macht der Welt hat das Recht, darüber zu entscheiden, ob ein Menschenleben ‚lebenswert' oder ‚lebensunwert' ist. Es geht in dieser Frage um nichts anderes als um die Respektierung einer qualifizierten Gewissensentscheidung des betroffenen sterbenskranken Menschen (oder bei seiner Unfähigkeit die der Familienangehörigen oder der Ärzte). Und das bedeutet: Der Arzt soll alles tun um den Menschen zu heilen, nicht aber alles, um den Tod bei oft unzumutbaren Qualen um Stunden, Tage, ja Jahre künstlich-technisch hinauszuzögern. Eine Therapie bleibt nur sinnvoll, solange sie nicht nur zum Dahinvegetieren, sondern zur Rehabilitation, also zur Restitution der ausgefallenen lebenswichtigen Körperfunktionen und so zur Wiederherstellung der ganzen menschlichen Person führt. Der Kranke hat selber das Recht, eine lebensverlängernde Behandlung abzulehnen. …"[71]

Die Beispiele, denen weitere, insbesondere aus dem fernöstlichen Kulturkreis, hinzugefügt werden könnten[72] zeigen, die für die westlichen Kulturen unter dem Einfluss des Christentums prägend gewordene Vorstellung einer transzendenten Verankerung der Lebensbewahrung im Überirdischen ist nur eine von mehreren möglichen. Es gibt also auch andere Glaubensüberzeugungen. Ein göttliches Gebot zur unbedingten Bewahrung des Lebens kann

---

[71] Küng, S. 243 f.

[72] vgl. hierzu Mischler, S. 147 ff.

deshalb nur denjenigen überzeugen, der daran glaubt, dass es eine göttliche Macht gibt, die ein solches Gebot erlassen hat.

Das führt zu der weiteren Frage, ob es eine solche Macht überhaupt gibt, die dem Menschen auferlegt, sein Leben zu bewahren. Sie ist weder zu beweisen noch zu widerlegen. Die Zahl der Gottesbeweise ist ebenso lang wie die ihrer Widerlegungen, ohne dass die Frage damit abschließend entschieden wäre. Zwar sind viele Versuche der Beweisführung für ein göttliches Walten im Leben der Menschen mit dem Fortschreiten der naturwissenschaftlichen Erkenntnis in sich zusammengefallen, indem sie ganz plausible, diesseitige Erklärungen gefunden haben. Andererseits sind eben diese Wissenschaften nach einer zwischenzeitlichen Euphorie, alles rational erklären zu können, vor den fortbestehenden, mit jeder Erkenntnis sich immer weiter hinausschiebenden Rätseln dieser Welt bescheidener geworden. Beeindruckend erscheint in diesem Zusammenhang der oft zu lesende Hinweis auf herausragende Naturforscher, die an ihrer Religiosität festgehalten hätten oder zu ihr zurückgekehrt seien. Er scheint indessen einer näheren Prüfung nur in geringem Umfang standzuhalten.[73] Die großen Religionen haben es demgegenüber aufgegeben, die Gegenwart Gottes zum Gegenstand scheinbar rationaler Beweise zu machen. Sie haben sich auf die Evidenz persönlicher Glaubensgewissheiten zurückgezogen, die sich freilich über Jahrhunderte hinweg und vielfach durch schwere Prüfungen und Anfechtungen hin-

---

[73] hierzu im Einzelnen Dawkins, S. 21 ff., 137 ff.

durch in den Seelen einer großen Zahl von Menschen gehalten haben.

Demgegenüber ist nicht von der Hand zu weisen, dass die Zahl dieser Menschen kleiner wird, jedenfalls die Zahl derjenigen, die sich bestimmten Glaubensausprägungen zugehörig fühlen, wie sie sich in den großen Weltreligionen und deren Konfessionen inhaltlich unterschiedlich ausgebildet haben. Gerade diese Unterschiedlichkeit, die meist mit einem Ausschließlichkeitsanspruch vertreten wird, lässt viele zweifeln, welches den nun der richtige Glauben ist oder ob am Ende nicht aller Glaube nur aus dem Bedürfnis resultiert, sich die in vielem so rätselhafte und unberechenbare Welt in einer Weise zu deuten, die sie für den Einzelnen sinnvoll und erträglich macht.

Diese ungelösten Jahrtausendfragen kann und will auch diese Abhandlung nicht lösen. Sie können auch dahingestellt bleiben, wenn der Gläubige, der überzeugt ist, sein Leben aus Gottes Hand empfangen und kein eigenes Verfügungsrecht darüber zu haben, dieser Überzeugung folgend leben kann. Der Glaube ist eine höchstpersönliche Angelegenheit zwischen dem Gläubigen und seinem Gott, bei der allenfalls die anderen Glieder der gleichen Glaubensgemeinschaft noch mitzureden und das Glied ihrer Gemeinschaft in der Ausübung dieses Glaubens zu stützen und zu unterstützen haben. Glauben zu können, mag eine Gnade sein; erzwingen lässt sich das nicht – wie die grausame Geschichte vieler religiöser Bekehrungsversuche lehrt. Wer deshalb den Glauben an die gottgewollte Unverfügbarkeit des Lebens nicht teilt und wer dafür auch nicht zu gewinnen ist oder Gründe findet, sich davon abzuwenden, von dem kann und darf auch nicht erwartet werden, sich an göttliche Gebote gebunden zu fühlen, denen er zu folgen hätte. Diese Betrachtungsweise gehört heute zu den Grundlagen des Verständnisses von Religion in den modernen Gesellschaften der westlichen Welt. Sie ist zudem Bestandteil der unantastbaren Freiheitsgarantien unserer Verfassung, von denen noch zu handeln sein wird. Offen bleibt dabei aber noch die Frage, wie mit den religiös geprägten Wertvorstellungen umzugehen ist, die unausweichlich von einer großen Zahl von gläubigen Menschen in den demokratischen Meinungsbildungs- und Entscheidungsprozess eingebracht werden und auf diesem Wege die Spielregeln gesellschaftlichen Zusammenlebens mitprägen. Auch sie ist in einem späteren Kapitel noch einmal aufzunehmen und weiter zu verfolgen.[74]

Selbsterhaltung – der Gesellschaft geschuldet?

Verletzt der Mensch, wenn er sich das Leben nimmt, seine Pflichten gegenüber anderen Menschen, seinen Angehörigen oder der Gesellschaft? Diese Frage wiegt schwer, denn der Mensch verdankt alles, was er ist und hat, sehr wesentlich seinem mitmenschlichen Umfeld: seinen Eltern die genetische Ausstattung, die sie ihm mitgegeben haben; dem unmittelbaren, meist familiären Milieu sein Überleben und seine Entwicklungsmöglichkeiten in einer ersten, Jahre andauernden Phase seines Lebens, die er allein aus eigener Kraft nicht meistern könnte; der Gesellschaft schließlich, in der er lebt,

[74] s.u. 5.2. (Wertebindung im Lichte demokratischer Mehrheitsbildung)

seinen Schutz sowie, besonders in den hoch entwickelten Gemeinwesen, mannigfache Förderung, Unterstützung und Absicherung seiner Daseins- und Entfaltungsmöglichkeiten. Sowohl ökonomisch als auch moralisch betrachtet steht der einzelne Mensch der Gemeinschaft, in der er lebt, in einer Schuld für all die Leistungen, die sie für ihn erbracht hat und erbringt. Und es ist unabweisbar, dass dieses, für den Einzelnen unentbehrliche Leistungsgefüge einer Gesellschaft damit steht und fällt, dass grundsätzlich alle ihre Glieder sich an diesen Leistungen beteiligen.

Beraubt also ein Mensch, der Hand an sich legt, sich der Möglichkeit, künftig Leistungen für seine Mitmenschen und die Gesellschaft zu erbringen und beraubt er diese damit, an solchen Leistungen zu partizipieren?

Ein Blick vorab in die Geschichte zeigt, dass man dies besonders zur Zeit der Aufklärung auch anders gesehen hat. Montesquieu vermochte in der Selbsttötung keinen Schaden für die Gesellschaft zu erkennen. Diese, so führte er aus,[75] sei auf gegenseitigen Nutzen aufgebaut. Wenn der Einzelne aus diesem Vertrag keinen Nutzen mehr ziehe, stehe es ihm frei, sich daraus zurückzuziehen. Man könne das Leben, das man als Gunst erhalten habe, zurückgeben, wenn man es nicht mehr als Gunst empfinde.

Etwas anschaulich-drastischer und zugleich treffender äußerte sich Voltaire[76], indem er die rhetorische Frage aufwarf:

---

[75] s. Minois, S. 332 mit Verweis auf Montesquieus 76. Perserbrief

[76] s. Minois, S. 340 mit Hinweisen auf Voltaires Lettres philosophiques, hier „Sur les Pensées de Monsieur Pascal"

„Welchen Schaden verursacht, philosophisch gesprochen, ein Mann der Gesellschaft, der sie verlässt, wenn er ihr nicht mehr dienen kann? Ein Greis ist steinkrank und leidet unerträgliche Schmerzen; man sagt ihm: ‚Wenn Sie sich den Stein nicht schneiden lassen, werden Sie sterben; wenn man ihn Ihnen schneidet, können Sie noch ein Jahr lang auf Ihre und anderer Kosten dummes Zeug reden, sabbern und dahinsiechen.' Ich nehme an, dass der gute Mann dafürhalten wird, niemandem mehr zur Last zu fallen …"

Und schließlich wiederum Hume: „Ein Mensch, der aus dem Leben tritt, fügt der Gesellschaft keinen Schaden zu. Er hört lediglich auf, Gutes zu tun. … Alle unsere Verpflichtungen, der Gesellschaft Gutes zu erweisen, scheinen eine Art Gegenseitigkeit einzuschließen. Ich empfange die Wohltaten der Gesellschaft und sollte daher ihre Interessen fördern; aber wenn ich mich ganz und gar aus der Gesellschaft zurückziehe, kann ich dann noch länger dazu verpflichtet sein?" Selbst wenn unsere Verpflichtung, Gutes zu tun, fortbestünde, so habe sie doch sicherlich Grenzen. Der Mensch sei nicht verpflichtet, der Gesellschaft ein geringfügiges Gutes auf Kosten eines großen Übels für ihn selbst zu erweisen. „Weshalb sollte ich dann ein elendes Dasein eines geringfügigen Vorteils wegen verlängern, den die Öffentlichkeit vielleicht durch mich erhält? Wenn ich aus Alters- oder Krankheitsgründen jedes Amt rechtmäßig niederlegen und meine ganze Zeit darauf verwenden darf, … mir das Elend eines weiteren Lebens so weit wie möglich zu erleichtern: Warum darf ich dieses Elend nicht mit einem Schlag durch eine Handlung beenden, die für die Gesellschaft von nicht größerem Nachteil ist?"[77] Und unter weiterer Zuspitzung des Gedankens: „Angenommen, dass es nicht länger in meiner Macht steht, das Interesse der Gesellschaft zu fördern, dass ich eine Last für sie bin, dass mein Leben einige Personen daran hindert, der Gesellschaft viel nützlicher zu sein: In solchen Fällen muss mein Abschied vom Leben nicht nur schuldlos, sondern lobenswert sein."[78] „Wenn also die Selbsttötung", – so Hume abschließend – „kein Verbrechen ist, dann sollten uns sowohl Einsicht wie Mut dazu anhalten, uns von unserem Dasein mit einem Schlag zu befreien, wenn es eine Last wird. Das ist dann der einzige Weg, wie wir der Gesellschaft nützlich sein können, indem wir ein Beispiel setzen, dessen Nachahmung jedermann seine Chance für ein glückliches Leben erhalten und ihn wirksam von jeder Gefahr und allem Elend befreien würde."[79]

Die von Voltaire und Hume gestellten Fragen führen unmittelbar auf die exemplarischen Fälle zurück, die wir an den Anfang dieser Abhandlung gestellt haben. Es sind dies durchweg Situationen, in denen die Betroffenen zur Gemeinschaft nichts oder jedenfalls kaum mehr etwas beitragen können, zumeist auch aus dieser Verpflichtung von der Gesellschaft entlassen sind. Sie nehmen aber die Kräfte ihrer Mitmenschen und der Gesellschaft in besonderem Maße in Anspruch und binden sie dadurch. Man könnte hier einwenden, mit Blick auf die wachsende Betreuungsbedürftigkeit

---

77 Hume, S. 97
78 Hume, S. 97 f.
79 Hume, S. 98 f

im Alter sei diese Inanspruchnahme der Mitmenschen und der Gesellschaft zuvor in einem tätigen Leben auch für die Gesellschaft vorleistend verdient worden, und es bestehe für den Fall vorzeitiger Hinfälligkeit durch Krankheit so etwas wie ein kollektiver Versicherungsschutz, der für jedermann gelte, auch wenn er außer Stand gesetzt werde, einen Beitrag zu erarbeiten, der die von seinen Mitmenschen und der Gesellschaft aufgewendeten Fürsorgeleistungen aufwiege. All dies mag den Betroffenen veranlassen, guten Gewissens die ihm gewährte Fürsorge in Anspruch zu nehmen. Es muss sich demzufolge niemand in dieser Lage genötigt sehen, Hand an sich zu legen, weil er seinen Mitmenschen und der Gesellschaft zur Last fällt. Dies ist dann die ‚Geschäftsgrundlage' des Zusammenlebens in zivilisierten Gesellschaften, deren Stolz es sein muss und bleiben sollte, dass dies für jedes Mitglied der Gemeinschaft gilt.

Eine ganz andere Frage ist es hingegen, ob es mit Blick auf die gegenseitigen Rechte und Pflichten in einer solidarischen Gesellschaft unter den genannten Umständen dem Einzelnen nicht nur gestattet, sondern auch nicht unnötig erschwert werden sollte, wenn er die ihm von der Gemeinschaft eingeräumten Ansprüche nicht im weitestmöglichen Umfange ausschöpfen möchte. Solange das – und auf dieses Problem wird in einem späteren Zusammenhang noch einmal zurückzukommen sein – auf seiner eigenen Entscheidung beruht, ist eine Verletzung von Pflichten des Einzelnen gegenüber der Gesellschaft nicht zu erkennen!

Selbsterhaltung – eine menschengemäße Pflicht?

Der dritte Begründungskomplex, das Leben zu bewahren, ist auf die menschliche Person selbst ausgerichtet. Er knüpft am menschlichen Selbsterhaltungstrieb an und leitet daraus ab, es sei wider die menschliche Natur, sich selbst zu zerstören, indem man sich das Leben nehme. Vor allem in der älteren Geschichte wurde dies – wie gezeigt – mit einer quasi-moralischen Verpflichtung des Menschen gegenüber der Natur schlechthin verbunden, sein Leben zu bewahren. Später leitete man eine solche Verpflichtung etwas genauer aus der besonderen Natur des Menschen her, als einem Wesen, dessen Leben nicht allein von physikalisch-chemischen, sondern darüber hinaus auch von sittlich-moralischen Gesetzen bestimmt sei. In der jüngeren Zeit rückte dann die Vorstellung in den Vordergrund, Hand an sich zu legen sei, vom an sich natürlichen Überlebenswillen des Menschen her betrachtet, eine krankhafte Erscheinung, der man, wie bei anderen Notlagen, in die Menschen geraten können, helfend begegnen müsse.

Soweit der Selbsterhaltungstrieb des Menschen in Richtung einer quasi-moralischen Selbsterhaltungspflicht ausgedeutet wird, ist zu fragen, wer hier eigentlich den Menschen verpflichtet? Die Natur selbst ist – jedenfalls nach heutigem Verständnis – keine moralische Instanz, sondern ein, wie es aussieht, von physikalischen und chemischen Gesetzmäßigkeiten durchzogenes Universum, denen zufolge bestimmte Ursachen bestimmte Folgen haben, die ihrerseits wieder Ursache für weitere Folgen werden. Dieser Natur oder diesem Universum ist es gleichgültig, wie sich der Mensch oder die

Menschen verhalten. Aus den in ihnen geltenden Gesetzen ergeben sich lediglich Folgen für deren Verhalten. D'Holbach folgerte im 18. Jahrhundert hieraus von seiner rein naturwissenschaftlich-deterministischen Warte: „Eine Natur, die darauf beharrt, unsere Existenz unglücklich zu machen, gebietet uns damit, sie zu verlassen; wenn wir sterben, erfüllen wir ebenso einen ihrer Beschlüsse, wie wir es getan haben, als wir ins Leben traten."[80]

Bleibt der Mensch als sittliche Person. In der Tat erleben wir unser Tun als das eines Wesens, das nicht allein von physikalischen und chemischen Gesetzmäßigkeiten determiniert ist, sondern das in wesentlichen Teilen von moralischen Erwägungen und Abwägungen mitbestimmt wird. Dabei ist uns letztlich rätselhaft, woher die Maßstäbe kommen, an denen wir diesen Teil unseres Verhaltens ausrichten. Sind sie reine Erfindungen des menschlichen Gehirns, sind sie Ausdruck von Orientierungs- und Deutungsbemühungen von Organismen, die nicht mehr allein durch physikalisch-chemische Homöostasen und biologische Reiz-Reaktionsmuster arterhaltend-zweckmäßig gesteuert werden oder gibt es im Universum doch eine wie immer geartete Institution, die den Menschen zu einem bestimmten moralischen Verhalten verpflichten kann?

Die Vertreter des letztgenannten Standpunktes befinden sich gegenüber denen der beiden erstgenannten in einer schwierigeren Position: Während die ersteren beiden sich auf Erklärungsversuche beschränken, für die sich eine Reihe von

---

80 d'Holbach, S. 246

naturwissenschaftlichen Einsichten als Indizien anführen lassen, ohne dass damit freilich alles erklärt wäre, behaupten die der letzteren eine Verpflichtung. Wer aber das Bestehen von Pflichten behauptet, der muss einen Adressaten benennen können, dem sie geschuldet werden und er muss begründen können, warum – der Jurist würde sagen: ‚auf welcher Rechtsgrundlage' – sie ihm geschuldet werden. Die Argumente der Protagonisten dieser Position wirken in dieser Hinsicht – von Kant bis Camus – weithin nebulös oder intellektuell verstiegen, jedenfalls wenn man sie unter dem Gesichtspunkt betrachtet, wie sie denn überzeugend und handlungsbestimmend auf das Verhalten von Menschen wirken könnten, die ihr Leben nicht mit philosophischen Grübeleien verbringen. Denn das tun die allerwenigsten.

Überzeugender erscheinen da andere Denker, die sich der Tatsache stellen, dass der Mensch trotz des natürlichen Selbsterhaltungstriebes, der, soweit bekannt, alle anderen Lebewesen daran hindert, sich selbst den Tod zu geben, seinem Leben bewusst und eigenhändig ein Ende setzen kann. Sie deuten dies als einen Ausdruck von Freiheit und Selbstbestimmung, wie sie nur dem Menschen gegeben sei und sehen darin das eigentlich Menschenspezifische, das, was die besondere Natur des Menschen ausmacht.

Dies findet beispielsweise seinen Ausdruck bei Montaigne, wenn er sagt: „Sterben können befreit uns von aller Knechtschaft, von allem Zwang."[81] Der Tod, den wir uns selbst gäben, sei recht eigentlich ein Akt, in dem sich der Mensch ein

---

[81] Montaigne, S. 63

Höchstmaß an Freiheit gewinne. „Der Tod ist umso schöner, je mehr der Mensch ihn selbst will. Unser Leben hängt vom Willen anderer ab, der Tod von unserem eigenen Willen."[82] Wer auf diese Weise über seinen Tod verfüge, sei ein wahrer Weiser, denn er lebe nur so lange, wie er glaube es zu müssen, nicht hingegen so lange er könne. Und dies untermauernd fährt er fort: „Wie ich, wenn ich meine eigenen Sachen fortschleppe und mir meinen eigenen Beutel abschneide, nicht die Gesetze gegen die Diebe übertrete und wie ich kein Brandstifter bin, wenn ich Holz, das mir gehört, anstecke, ebenso wenig verstoße ich gegen die Mordgesetze, wenn ich mir selbst das Leben nehme."[83]

Ähnlich auch Hume, wenn er ausführt: Niemand werfe sein Leben weg, solange es ihm noch lebenswert erscheine und niemals würden geringfügige Motive jemanden bestimmen können, sich mit der freiwilligen Selbstauslöschung anzufreunden. Dazu sei unsere natürliche Angst vor dem Tod viel zu groß. Wer gleichwohl zu dem letzten Mittel greife, dem sei das Leben – durch was auch immer – zu einer unerträglichen Bürde geworden, von der es sich in einem letzten Akt zu befreien gelte. Wer zugebe, dass Alter, Krankheit oder Unglück das Leben zu einer Last, ja, es sogar schlimmer als seine Vernichtung machen können, der könne nicht bezweifeln dass die Selbsttötung mit dem Interesse und den Pflichten des Menschen gegenüber sich selbst vereinbar sei.[84]

---

82 Montaigne, S. 181
83 Montaigne, S. 181
84 Hume, S. 98

Ein weiterer, in diesen Kreis gehörender Protagonist ist Nietzsche, wenn er unter anderem schreibt: „... warum sollte es für einen alten Mann, welcher die Abnahme seiner Kräfte spürt, rühmlicher sein, seine langsame Erschöpfung und Auflösung abzuwarten, als ihr mit vollem Bewusstsein ein Ziel zu setzen? Die Selbsttötung ist in diesem Falle eine ganz natürliche, nahe liegende Handlung, welche als ein Sieg der Vernunft billigerweise Ehrfurcht erwecken sollte: und auch Ehrfurcht erweckt hat, in jenen Zeiten als die Häupter der griechischen Philosophie und die wackersten römischen Patrioten durch Selbsttötung zu sterben pflegten. Die Sucht dagegen, sich mit ängstlicher Beratung von Ärzten und peinlichster Lebensart von Tag zu Tag fortzufristen, ohne Kraft, dem eigenen Lebensziel noch näher zu kommen, ist viel weniger achtbar."[85] Und weiter, unabhängig von besonders widrigen äußeren Umständen: „Auf eine stolze Art sterben, wenn es nicht mehr möglich ist, auf eine stolze Art zu leben. Der Tod, aus freien Stücken gewählt, der Tod zur rechten Zeit, mit Helle und Freudigkeit, inmitten von Kindern und Zeugen vollzogen: so dass ein wirkliches Abschiednehmen noch möglich ist: wo Der noch da ist, der sich verabschiedet ... ."[86]

Zu nennen bleibt hier schließlich Jean Améry mit seinem ungestümen Diskurs über den Freitod. Auf die Frage, wem der Mensch gehöre, kam er zu dem Ergebnis: Sich selbst. In einer leidenschaftlichen Auseinandersetzung trat er der Auf-

---

85 Nietzsche: Menschliches-Allzumenschliches, Aphorismus 80
86 Nietzsche: Götzen-Dämmerung, Aphorismus 36

fassung des christlich geprägten Philosophen Paul Landsberg entgegen, der, wie er meinte, den Geboten Gottes folgend sich zum Opfer seiner Nazi-Schergen machen ließ, statt sich ihnen – was ihm möglich gewesen wäre – durch die Einnahme eines Giftes zu entziehen, und diese Haltung zu einem allgemeinen Gebot erhob. So sehr er der Haltung Landsbergs höchste Achtung zolle, ende sie dort, wo der Philosoph nicht nur für sich handelte, sondern es auch anderen gegenüber als Forderung im Namen seines Herren erhob: Niemand habe das Recht, einem anderen vorzuschreiben, auf welche Weise und in Hinblick auf was er seinen Eigenbesitz lebend oder sterbend realisiere.[87] Ein freier Tod sei „eine hochindividuelle Sache, die zwar niemals ohne gesellschaftliche Bezüge vollzogen werde, mit der aber letztlich der Mensch mit sich allein ist, vor der die Sozietät zu schweigen hat“[88]. Und weiter: „Jeder gehört … in den entscheidenden Lebensmomenten sich selber, und wo er nicht mehr sich selbst gehören will, weil er sich anheim gibt, einer Idee, einem menschlichen Verband, einem Wahne meinetwegen, ist es noch dort seine existenzielle Eigengehörigkeit, die ihn handeln oder nicht handeln macht.“[89]

Bleibt schließlich die Deutung des Suizids als Ausdruck einer krankhaften oder krankheitsähnlichen Erosion des natürlichen Selbsterhaltungstriebes, als eine Notlage, um die sich die Mitmenschen und die Gesellschaft zu kümmern ha-

---

87 Améry, S. 102
88 Améry, S. 103
89 Améry, S. 108

ben mit dem Ziel, den davon Betroffenen vor seiner Tat zu bewahren, ihn davon abzubringen und in seiner bisherigen Welt wieder zu stabilisieren.

Über einer solchen Deutung sollte aber der andernorts[90] bereits ausführlicher dargestellte Befund nicht aus dem Blick geraten, dass der Mensch das wohl einzige Lebewesen ist, das zu seinem Selbsterhaltungstrieb auf Distanz gehen, ihn reflektieren und ihm ein vorzeitiges Ende bereiten kann. Es ist dies eben die Fähigkeit zur Selbstbestimmung und Freiheit gegenüber den rein vegetativen Gesetzen des Lebens, die den Menschen auszeichnet. So gesehen gehört es zur Normalität des Menschen, seinem Selbsterhaltungstrieb nicht bedingungslos ausgeliefert zu sein, sondern ihn zum Gegenstand seiner Dispositionen machen zu können. Er kann ihn nutzen, das Leben mit Hilfe seiner Einsicht in dessen Gesetzmäßigkeiten weit über dessen natürlichen Verlauf hinaus aufrechtzuerhalten. Er kann ihn aber gleichermaßen bändigen, indem er ihm nur insoweit freien Lauf läßt, als das Leben für ihn noch Sinn und Wert hat.

Kann daher die Selbsttötung sehr wohl eine bei klarem Verstande getroffene Entscheidung sein, darf die Mitwelt sie dem Einzelnen ebenso wenig grundlos streitig machen wie andere, lebensbestimmende Fragen auch. Das Bemühen, helfend Unheil von einem Mitmenschen abzuwenden, ist zweifellos eine sozial wertvolle Regung, die ein zivilisiertes Gemeinwesen auszeichnet. Wie aber, wenn der Betroffene seine Entscheidung, sich das Leben zu nehmen, gar nicht als

---

[90] s.o. 2.2. (Das Leben lassen – artgerecht oder krankhaft?)

ein Unheil, sondern als eine Erlösung oder Befreiung empfindet, wenn er die ihn hiervor bewahrende Hilfe seiner Mitmenschen also gar nicht wünscht?

Ein üblicher Einwand lautet hier, dies könnte eine aus dem Augenblick heraus getroffene Entscheidung sein, die man aus einer späteren Sicht bereuen würde. Aber gibt es nicht auch andere lebensbestimmende Entscheidungen, die das Leben in eine nicht mehr umkehrbare Richtung lenken, die jemand später vielleicht bitter bereut, weil sie es ihm zur Hölle machen: eine tatsächlich halsbrecherische Bergtour, ein absehbar ruinöses Geschäft, ein leichtfertiges Spiel mit der Gefahr tödlicher Infektion oder Drogenabhängigkeit, eine Mésalliance? Solchen Entscheidungen gegenüber verhält sich die Mitwelt gemeinhin zurückhaltender, rät vielleicht dringend ab, respektiert sie aber letztlich oder lässt sie wenigstens geschehen. Während die Menschen, die eine der zuletzt beschriebenen Entscheidungen für sich getroffen haben, ihre Folgen aber wirklich erleiden müssen, tut derjenige, der seinem Leben selbst ein Ende gesetzt hat, sich damit leicht. Er muss mit dieser seiner Entscheidung ja nicht mehr leben. Es bleibt ihm erspart, mit sich zu hadern, ob er etwas falsch gemacht hat. Und er braucht nichts nachzutrauern, was er infolge seiner Entscheidung versäumt haben könnte. Es beschwert ihn nicht mehr, denn er ist ja tot!

Mit Blick auf die vielfältigen Erfahrungen, die die medizinischen, psychologischen und seelsorgerischen Fachleute mit dem Suizid gemacht haben, mag es für den Außenstehenden schwierig sein zu erkennen, ob einem Suizidversuch ein dezidierter Wille, ein nur von augenblicklichen Gemütsschwankungen bestimmtes Tun oder gar ein drastischer Hilferuf zugrunde liegt. Hier ist es in der Tat zunächst Sache dessen, der Hand an sich legt, für Klarheit zu sorgen. Dann aber wäre es an den Mitmenschen und der Gesellschaft, einen ausdrücklich artikulierten Willen ohne ‚wenn und aber' zu respektieren. Dass damit noch nicht alle praktischen Probleme gelöst sind, wird uns im Folgenden noch beschäftigen.

4. Die gegenwärtige Ausgangslage

In den letzten Jahrzehnten sind es vor allem die Umstände der letzten Lebensphase der Menschen in den westlichen Gesellschaften, die zunehmend die Frage nach der Unverfügbarkeit des Lebens und seiner Grenzen in den Vordergrund einer kritischen Reflexion rücken.

Die Menschen werden in einer im Vergleich zu den vorhergehenden Jahrhunderten steil ansteigenden Kurve älter, ohne dabei in ihrer Mehrzahl noch eine aktive und produktive Rolle im Gemeinschaftsleben spielen zu können. Parallel dazu ermöglichen die Fortschritte der Medizin die Erhaltung gefährdeten Lebens in einem früher unvorstellbaren Ausmaß. Einerseits haben sie damit sicher wesentlich zur Hebung der Lebensqualität alter und auch kranker Menschen beigetragen. Letztlich aufhalten können sie hingegen den natürlichen körperlichen und seelischen Verfall nicht, und dann verlängern sie andererseits mit ihren lebenserhaltenden Möglichkeiten häufig die eben damit verbundenen Leiden.

Hinzu kommt, dass sich die Umstände von Sterben und Tod sowie die damit verbundenen Anschauungen grundlegend verändert haben. Ein Geschehen, das früher mit all seinen oft bedrückenden Begleiterscheinungen als unabänderlich hingenommen, ausgehalten und in der Regel in einer größeren familiären und nachbarschaftlichen Gemeinschaft aufgefangen wurde, ist heute, wo änderndes Eingreifen einerseits möglich erscheint, man sich andererseits selbst aber diesem Geschehen nicht mehr recht gewachsen fühlt, weitgehend aus dem normalen Leben der Angehörigen ausgegliedert und in die Hände professioneller Fachkräfte in Krankenhäusern, Alters- und Pflegeheimen gelegt, die ihnen die unmittelbare Konfrontation mit dem Sterben weitgehend ersparen. Es wird nun medizinisch und hygienisch kontrolliert gemanagt. Gleichwohl ist es damit für sie nicht aus der Welt. Vielmehr bieten die Medien heute in zunehmendem Maße Einblicke in die Prozesse des körperlichen und seelischen Verfalls und des Sterbens von Menschen über den Kreis der unmittelbar betroffenen Angehörigen und pflegenden Kräfte hinaus. Anders als früher, als solche Erlebnisse Einzelfälle im Leben des Einzelnen blieben, wird der Sterbeprozess auf diese Weise vielen in erschreckender Weise bewusst.

Und was empfindet derjenige, der dem Tode schon nahe ist? Wenn er überhaupt noch bei Sinnen ist, zumeist ohne rechten Glauben an die Sinnhaftigkeit seines Leidens und ohne Hoffnung auf Besserung; mit den primitivsten und intimsten Verrichtungen der Hilfe anderer ausgeliefert; ungefragt, ob er so noch weiter leben möchte; besänftigend hingehalten, wenn er dies nicht möchte. Vor allem aber einsam im eng getakteten pflegerischen Betrieb.

So zeigt sich das Sterben – nüchtern und ohne alle verklärenden Beschönigungen betrachtet – in der Regel eher als ein mühevoller, oft schmerzhafter, quälender, mit mehr oder weniger würdelosen Begleiterscheinungen verbundener und letztlich sehr einsamer Prozess, der rasche, friedliche Tod hingegen eher als die Ausnahme. Ist ein solches Lebensende unumgänglich? Muss es um unverzichtbarer Werte willen ausgehalten werden oder kann, darf es da nicht eine Freiheit zum Tode geben? Wie stellt sich unsere Gesellschaft heute zu diesen Fragen?

4.1. Das geltende Recht in Deutschland

Gesetzeslage und Gesetzesauslegung

Auf den ersten Blick erscheint die Rechtslage in Hinblick auf eine freie Verfügbarkeit des Einzelnen über sein Leben klar und unproblematisch. Die Selbsttötung ist kein Straftatbestand. Dies gilt jedoch nur dann und nur so lange, als der den Tod Suchende die sogenannte Tatherrschaft über den Selbsttötungsvorgang behält. Das ist der Fall, solange er selbst sein Tun wissentlich und willentlich beherrscht. Das heißt nicht, dass er seine Tat in allen Teilen selbst ausführen muss. Er kann sich hierbei auch von anderen helfen lassen. Nach der Systematik des deutschen Strafrechtes erfüllt die Teilnahme anderer an einer Selbsttötung, sei es in der Form der Beihilfe, sei es in Gestalt einer Anstiftung, keinen Straftatbestand. Gleiches gilt für den Versuch, sich das Leben zu nehmen.

Problematisch beginnt es zu werden, wenn jemand, der sich das Leben nehmen will, sein Tun nicht oder nicht mehr wissentlich und willentlich beherrscht, sein Sterben oder Weiterleben in den Herrschaftsbereich anderer übergeht. Dann zieht das deutsche Strafrecht eine klare Grenze: Niemandem ist es gestattet, einen anderen Menschen zu töten. Wer dies tut, begeht Mord (§ 211 StGB) oder Totschlag (§ 212 StGB) und setzt sich damit einer mehr oder weniger scharfen Bestrafung aus.

Die verbotene Tötung eines Menschen kann nicht nur durch ein aktives Tun, eine Handlung, begangen werden, sondern auch dadurch, dass eine für den Fortbestand seines Lebens notwendige Handlung unterlassen wird (§ 13 StGB).

Abgesehen von Fällen, die erst im Wege einer später zu besprechenden Rechtsauslegung näher in Augenschein zu nehmen sind, gibt es hier einen strafrechtlichen Sondertatbestand. Ihm zufolge macht sich strafbar, wer bei Unglücksfällen oder gemeiner Gefahr oder Not nicht Hilfe leistet, obwohl dies erforderlich und ihm den Umständen nach zuzumuten ist, insbesondere dann, wenn eine solche Hilfe ohne erhebliche eigene Gefahr und ohne Verletzung anderer wichtiger Pflichten möglich ist (§ 323c StGB).

Strafbar ist eine Tötung auch dann, wenn sie auf ausdrückliches Verlangen des Getöteten vorgenommen worden ist (§ 216 StGB), wenn also ein Sterbewilliger körperlich – beispielsweise infolge einer Querschnittslähmung – nicht mehr in der Lage war, sich selbst umzubringen und deshalb mit klarem Verstand und eigenem Willen einen hierzu in der Lage befindlichen Helfer veranlasst hatte, das, was er gern selbst getan hätte, für ihn zu tun.

Aus alledem wird deutlich, dass der Verzicht auf eine Strafbarkeit der Selbsttötung kein Ausdruck einer generellen Billigung dieser Tat ist, sondern allenfalls als ein höchstpersönlicher und selbstbestimmter Akt eines Menschen hingenommen wird, der, sofern er gelingt, ohnehin nicht mehr bestraft werden kann, wenn er hingegen misslingt, einer Rückkehr des Lebensmüden in die Gemeinschaft keine zusätzlichen, ihn vom Leben abschreckenden Hindernisse entgegensetzen will.

Den Möglichkeiten, seinem Leben ein Ende zu setzen, ist eine weitere strafbewehrte Grenze gezogen, indem man die Herstellung, das In-Verkehr-Bringen und die Verabreichung von Pharmazeutika und Giften strengen Regeln und Zugänglichkeitsbeschränkungen unterworfen hat.[91] Suizidwilligen wird es damit sehr schwer gemacht, sich über die für eine sichere und zugleich erträgliche Selbsttötung geeigneten Mittel zuverlässig und sachgerecht zu informieren, vor allem aber an sie zu gelangen.

An die genannten Straftatbestände knüpfen sich bei näherem Hinsehen sehr rasch eine ganze Reihe von Fragen, die erst im Wege der Rechtsauslegung eine Antwort finden können: Hat ein zum Sterben Entschlossener die wissentliche und willentliche Herrschaft über sein Tun oder ist er ein von körperlichen oder seelischen Leiden Getriebener? Ist ein solcher Zustand also ein Unglücksfall oder eine Notlage? Wenn man ihm bei seinem Vorhaben, sich das Leben zu nehmen, Tatherrschaft zubilligt, muss das dann nicht über den Zeitpunkt hinaus gelten, in dem er durch seine Tat in einen hilflosen, von ihm nicht aktuell beherrschbaren Zustand gerät, weil der angestrebte Tod nicht sogleich eintritt? Kann, darf ein in Lebensgefahr schwebender Mensch in einer andere bindenden Weise auf Rettung verzichten? Kann er einen solchen verbindlichen Willen, beispielsweise in einer sogenannten Patientenverfügung, auch vorsorglich für Situationen äußern, in denen er sich noch nicht befindet, in denen er aber, wenn sie eintreten sollten, unter keinen Umständen am Leben erhalten werden möchte? Inwieweit sind die Personen, die dem Sterbewilligen bei seinem Vorhaben, aus dem Leben

---

91 Gesetz über den Verkehr mit Arzneimitteln v. 24.08.1976 (BGBl. I 2445; III 2121-51-2) mit weiteren Änderungen und Gesetz über denn Verkehr mit Betäubungsmitteln i.d.F.v. 01.03.1994 (BGBl I 358) mit weiteren Änderungen

zu scheiden, straflos bleibende Gehilfen oder doch auf ihre Weise das Geschehen beherrschende Täter, die sich als solche strafbar machen?

Alle diese und weitere Fragen haben die zu einer Konkretisierung der gesetzlichen Vorschriften berufenen Gerichte und den rechtswissenschaftlichen Diskurs bis in die unmittelbare Gegenwart eingehend und außerordentlich kontrovers beschäftigt. Die dabei zutage tretenden Bewertungen sind nach wie vor voll im Fluss. Dabei kristallisierten sich zwei inhaltlich ineinander verschränkte Problemkreise heraus: Inhalt und Grenzen sogenannter passiver und aktiver Sterbehilfe und die Abgrenzung zwischen verbotener Tötung und straffreier Beihilfe zur Selbsttötung.

Passive und aktive Sterbehilfe

Zu den Formen der passiven Sterbehilfe zählt zunächst die sogenannte Sterbebegleitung, mit der versucht wird, durch Beistand, Trost, eine freundliche Umgebung und einfühlsame Betreuung, Seelsorge und palliativmedizinische Unterstützung den natürlichen Sterbeprozess möglichst erträglich zu gestalten. Sie ist – von gleich noch einmal aufzunehmenden Grenzfällen palliativmedizinischer Eingriffe abgesehen – strafrechtlich unproblematisch. Sie hat allerdings insofern auch rechtlich eine besondere Bedeutung erlangt, als sie allen Gegnern weitergehender Sterbehilfe als der Weg gilt, der darüber hinausgehende lebens- und leidensverkürzende Maßnahmen entbehrlich mache.

Als passive, das Leben und Leiden verkürzende Maßnahme gilt auch das Unterlassen oder der Abbruch von lebens- und leidensverlängernden Behandlungen, beispielsweise durch eine künstliche Ernährungs- und Flüssigkeitszufuhr, Herz-Lungen-Maschine, künstliche Beatmung, Antibiose, Dialyse etc. unter der Voraussetzung, dass der Patient sich in einem als unumkehrbar einzuschätzenden Sterbeprozess befindet. Obwohl der Behandlungsabbruch, also die Beendigung einer zuvor eingeleiteten Maßnahme zur Lebenserhaltung, an sich ein aktiver Eingriff ist – Entfernen der Magensonde und der Infusionen, Abschalten der künstlichen Beatmung – wird er von der Rechtsprechung mit Blick auf die Todesfolge als Unterlassen gewertet, weil mit ihm nicht – nicht mehr – in einen bereits ablaufenden, schicksalhaft-kausal zum Tode führenden Prozess eingegriffen wird. Dem Untätigbleiben im Falle der echten Unterlassung wird das Untätigwerden im Sinne weiterer Lebenserhaltung rechtlich gleichgestellt.[92]

Zu den Formen der aktiven Sterbehilfe, Tätigkeiten also, bei denen ein Eingriff oder eine Behandlung kausal für den Tod wird, zählen neben der im Folgenden noch zu besprechenden Beihilfe zur Selbsttötung zum einen Fälle, in denen Schmerzmittelgaben zum Zwecke der Leidensminderung den Sterbeprozess beschleunigen, wobei diese aktiv herbeigeführte Lebensverkürzung als ungewollte, aber unvermeidbare Nebenwirkung billigend in Kauf genommen wird (sogenannte indirekte aktive Sterbehilfe). Die andere Form ist eine gewollte Tötung durch aktives Tun, etwa die Verabreichung einer Giftspritze.

---

92 Putz, S. 19 mit weiteren Nachweisen; Eser / Koch, S. 48 f.

Während letzteres auch auf ausdrücklichen Wunsch des Patienten ein strafbares Tötungsdelikt (§ 216 StGB) bleibt, können die Fälle der Unterlassung lebensverlängernder Behandlungen, deren Abbruch sowie die Fälle medikamentöser Leidensminderung um den Preis einer damit unvermeidlich verbundenen Lebensverkürzung strafrechtlich zulässig sein.

Grundlegende Voraussetzung hierfür ist der klar zum Ausdruck gebrachte, nach juristischem Urteil freie Wille des Patienten. Dies hat seinerseits zur Voraussetzung, dass der Patient noch selbstbestimmungsfähig ist und dass er weiß, worüber er entscheidet. Er muss die Bedeutung und Tragweite der anstehenden Entscheidung in ihren Grundzügen erkannt haben, die eine Behandlung seiner Leiden oder aber deren Unterlassung für ihn haben können. Ist hiervon auszugehen, dann ist allein sein erklärter Wille für diejenigen, in deren Behandlung und Obhut er steht, verbindlich. Demzufolge darf keine, auch aus ärztlicher Sicht noch so sinnvoll erscheinende invasive Maßnahme gegen den Willen des Patienten durchgeführt werden.[93] Es steht dem Arzt nicht zu, die ablehnende Entscheidung des Patienten aufgrund seiner eigenen Bewertung der Situation oder seiner eigenen Definition von Menschenwürde zu korrigieren bzw. zu übergehen.[94]

---

93 BGH in BGHSt. 11/111 ff.; BGH, Urteil v. 4.7.1984 in BGHSt. 32/367; OLG München, Beschluss v. 31.7.1987 in NJW 1987/2940 ff.; Hufen, NJW 2001/854

94 Putz, S. 29 unter Bezugnahme auf die Grundsatzentscheidung des BGHSt 11/111

Diese Grundsätze gelten sowohl für den Fall der zum Tode führenden Unterlassung, als auch des tödlichen Abbruches einer Behandlung[95] als schließlich auch für den Fall einer schmerzlindernden Medikation mit der in Kauf genommenen Nebenfolge eines beschleunigten Todeseintrittes[96]. Hierbei ist es heute insbesondere in den Fällen lebenserhaltender Maßnahmen unerheblich, ob sich der Patient in der akuten Sterbephase befindet. Auch dann, wenn er mit solchen Maßnahmen noch über Jahre vor dem Tod bewahrt werden könnte, kann er deren Unterlassung oder Abbruch verlangen.[97]

Bei diesen Fallkonstellationen passiert es nicht selten, dass der Betroffene sich in der akuten, eine Entscheidung erfordernden Situation nicht äußern kann, weil er beispielsweise das Bewusstsein verloren hat. Für solche Situationen kann jeder vorsorglich erklären, unter welchen Bedingungen er eine Unterlassung lebenserhaltender Maßnahmen oder – soweit bereits eingeleitet – deren Abbruch verlangt oder dass er in leidensmindernde Medikationen einwilligt, auch wenn sie rascher zum Tode führen sollten. Die einhellige Rechtsprechung der Straf- und Zivilsenate des Bundesgerichtshofes stellt einen im Voraus geäußerten Willen des bewusstlosen Patienten dem geäußerten Willen des willensfähigen und freiverantwortlichen Patienten gleich.[98] Es empfiehlt sich al-

---

[95] BGH in NJW 1995/201

[96] BVerfG in NJW 2002/206

[97] Putz, S. 26

[98] Putz, S. 26

lerdings, einen solchen Willen möglichst klar und konkret in einer sogenannten Patientenverfügung schriftlich zu formulieren, zu unterschreiben, und von Personen seines Vertrauens bestätigen zu lassen, dass diese Erklärung nach ihrem Eindruck im Vollbesitz der geistigen Kräfte sowie in vollkommener Unabhängigkeit abgefasst worden ist. Verschiedentlich wird empfohlen, eine solche Erklärung in gewissen zeitlichen Abständen durch erneute Unterschrift zu bestätigen Dies ist rechtlich nicht zwingend, kann aber die Nachhaltigkeit des geäußerten Willens unterstreichen. Wichtig ist, dafür zu sorgen, dass die Erklärung im Bedarfsfalle für diejenigen zugänglich ist, die lebenserhaltende Maßnahmen oder den lindernden Umgang mit Leiden des Patienten einleiten können.

Suizidbeteiligung

Der andere Problemkomplex, die Beteiligung Dritter an einer Selbsttötung, ist in der für die praktische Rechtsfortbildung besonders wichtigen Rechtsprechung der Obergerichte dadurch geprägt, die Verwicklung anderer in eine tatbestandslose Selbsttötung durch die Annahme einer generellen Verhinderungs- oder Rettungspflicht möglichst weitgehend als strafbare Handlung zu erfassen. Dies geschieht, indem sie in der Selbsttötung ganz überwiegend einen Unglücksfall oder eine Notlage sieht, in die der Suizident geraten sei und für die die Rechtsordnung eine generelle Hilfs- und Rettungspflicht Dritter vorsieht. Gestützt wird diese Ansicht auf Ergebnisse der psychiatrischen Suizidforschung, denen zufolge ein ursprünglich durchaus ernsthafter Selbsttötungswille nach Beendigung des Suizidversuches häufig zerfalle. Er trage, wie das Verhalten vieler Geretteter zeige, nicht mehr den ursprünglich gewollten Todeseintritt. Gerade derjenige, der die suizidale Situation so einrichte, dass zwischen Selbstmordhandlung und Todeseintritt eine längere Latenzperiode liege, in der das Hinzukommen Dritter ermöglicht werde, handele oft nicht aus einem unerschütterlichen Todeswunsch, sondern in der unterschwelligen Hoffnung, dass sein verzweifelter Schrei nach menschlichem Beistand gehört werde.[99]

So führte der in Fragen zweifelhafter Rechtsauslegung richtungweisende Große Senat des Bundesgerichtshofes im Jahre 1954 aus: „Wenn durch einen Selbstmordversuch eine ernste Gefahrenlage für den Selbstmörder entstanden ist, so muss jeder, der hinzukommt, von Gewissens wegen und von Rechts wegen schon um dessentwillen helfen, weil hier eine schwere Notlage besteht, die nicht dauern darf und der jedermann abzuhelfen verpflichtet ist, der ihrer ansichtig wird. Für diese Hilfspflicht ist es deswegen auch gleichgültig, ob der Wille, der den Selbstmörder zu seiner Tat trieb, gesund oder krank, entschuldbar oder unentschuldbar war, ob der Selbstmörder die durch den Selbstmordversuch entstandene Gefahrenlage noch beherrscht oder ob er sie, etwa weil er inzwischen bewusstlos geworden ist, nicht mehr beherrscht, ob er die Gefahrenlage, d.h. seinen eigenen Tod noch will oder ob er nicht mehr wollen kann. Da das Sittengesetz jeden Selbstmord – von äußersten Ausnahmen vielleicht abgese-

---

[99] So zusammengefasst in BGHSt 32/367 ff.

hen – streng missbilligt, da niemand selbstherrlich über sein Leben verfügen und sich den Tod geben darf, kann das Recht nicht anerkennen, dass die Hilfspflicht des Dritten hinter dem sittlich missbilligten Willen des Selbstmörders zu seinem eigenen Tode zurückzustehen habe. … Wäre der Wille des Selbstmörders zu seinem eigenen Tode überhaupt zu achten, so wäre er auch dann noch zu achten, wenn der Selbstmörder hilflos oder bewusstlos geworden ist. Der Satz ‚volenti non fit iniuria' verliert hier um deswillen seinen Sinn, weil der Selbstmörder nicht befugt ist, aus eigenem Willensentschluss über sein Leben zu verfügen."[100]

Hierauf fußend wurde die Strafbarkeit einer Unterlassung der generellen Hilfs- und Rettungspflicht auf folgenden beiden Wegen begründet: Stand ein beim Tatgeschehen anwesender oder hinzukommender Beteiligter zu dem Suizidenten in einem engen und speziellen Lebensverhältnis naher Verbundenheit, sei es kraft Gesetzes als Ehepartner oder Familienmitglied, sei es aufgrund eines vertraglichen Verhältnisses, etwa als behandelnder Arzt, Pflegedienst oder als Bergführer, sah man ihn als sogenannten Garanten für Leben und Gesundheit des Lebensmüden, der wegen eines Tötungsdeliktes zu bestrafen war, weil er es unterlassen hatte, die Selbsttötung zu verhindern. Bestand keine solche Garantenstellung, erfolgte die Bestrafung wegen unterlassener Hilfeleistung, wobei man im Suizid, offen oder stillschweigend, einen Unglücksfall oder eine Notlage sah, in die der Lebensmüde geraten war.

---

[100] BGH, Beschluss v. 10.03.1954 (BGHSt 6/147 ff.)

Erst Ende der fünfziger Jahre erfolgte eine allmähliche Öffnung für andere Gesichtspunkte. Man schenkte den Besonderheiten des einzelnen Falles größere Beachtung, stellte stärker auf die Eigenverantwortlichkeit des Suizidenten ab. Immer wieder verwickelte sich die Rechtsprechung dabei aber in die Ungereimtheit, dass die Beihilfe zur Selbsttötung zu tolerieren ist; sobald der Suizident aber infolge seines Tuns willensunfähig wurde, weil er beispielsweise das Bewusstsein verlor, die Tatherrschaft auf anwesende oder hinzukommende Personen überging mit der Verpflichtung, die Vollendung des Geschehens in ihrer Eigenschaft als Garanten oder Hilfsverpflichtete abzuwenden.

In einem 1973 vom Oberlandesgericht Düsseldorf entschiedenen Fall wurde erstmals anerkannt, dass es an einem zur Tatherrschaft gehörenden Täterwillen bei einem Garanten fehlen kann, wenn er den „freiwillig-ernsthaften Selbsttötungsentschluss eines Schutzbefohlenen achten wollte und sich ihm – mit bloßem Gehilfenvorsatz – untergeordnet hat“[101].

Der Bundesgerichtshof als das für die Rechtsauslegung und -fortbildung besonders wichtige, höchste deutsche Gericht in Strafsachen nahm diesen Impuls jedoch nicht wirklich auf. Noch elf Jahre später sträubte er sich erkennbar gegen die Konsequenzen dieses Gedankens. Dabei ging es um einem Fall,[102] in dem der Arzt bei einer langjährig herzkranken Arthrose-Patientin von Rettungsversuchen absah, als er sie nach einem Suizidversuch bewusstlos in ihrer Wohnung

---

[101] Putz, S. 8 unter Hinweis auf OLG Düsseldorf NJW 73/2215
[102] BGHSt 32/367

vorgefunden hatte mit der von ihr hinterlassenen eindeutigen schriftlichen Bitte, sie sterben zu lassen, sie nicht ins Krankenhaus zu bringen und keine Apparatemedizin anzuwenden. Noch immer wollte das Gericht nicht die im juristischen Schrifttum bereits verbreite Ansicht anerkennen, dass beim Suizid von einem Unglücksfall nur dann gesprochen werden könne, wenn er auf rechtlich bedeutsamen Willensmängeln beruhe, nicht aber, wenn er freiverantwortlich verübt worden sei. Es blieb für das Gericht dabei, dass der Wille des Suizidenten grundsätzlich unbeachtlich sei.

Im konkreten Fall kam es gleichwohl zu keinem Schuldspruch des Arztes, weil das Gericht darauf abhob, dass zwischen der Suizidentin und ihm zugleich ein Arzt-Patientenverhältnis bestand, innerhalb dessen – wie bei ‚normalen' Patienten auch – rechtens abzuwägen war zwischen einerseits der in der Sache liegenden ärztlichen Aufgabe, Hilfe zur Erhaltung des Lebens zu leisten, solange bei einem dem Tode nahen Kranken oder Verletzten Aussichten auf Besserung bestehen. Andererseits dürfe, so das Gericht, ein Arzt aber auch berücksichtigen, „dass es keine Rechtsverpflichtung zur Erhaltung eines erlöschenden Lebens um jeden Preis gibt."[103] Es ging allerdings auch hier nicht so weit, den unmissverständlich erklärten Sterbewillen der Suizidentin als generell vom Arzt zu respektierendes Behandlungsverbot zu werten, hielt vielmehr daran fest, dass es unzulässig sei, sich ihrem Todeswunsch zu beugen.[104] Es hob vielmehr – dieser

[103] Urteil v. 4.7.1884 in BGHSt 32/367 ff.

[104] BGHSt a.a.O.

Grundsatzfrage ausweichend – darauf ab, dass nach Überzeugung des Arztes ein Rettungsversuch das Leben nur unter Inkaufnahme irreparabel schwerer Schäden hätte verlängern können. In der daraus für ihn, den Arzt, resultierenden schweren Konfliktsituation habe er eine ärztliche Gewissensentscheidung zu treffen gehabt, die von Rechts wegen nicht als unvertretbar anzusehen sei!

Drei Jahre später hatte ein anderer Senat des Bundesgerichtshofes über Verfahrensmängel in einem ähnlich gelagerten Fall zu befinden.[105] In seiner Rückverweisung an das erstinstanzliche Gericht brachte er dabei zum Ausdruck, dass er dazu neige, einem ernsthaften, freiverantwortlich gefassten Selbsttötungsentschluss eine stärkere rechtliche Bedeutung beizumessen, als dies in dem zuvor dargestellten Urteil der Fall gewesen sei. Wie weit es dabei gegangen wäre, wenn es über den Fall tatrichterlich zu entscheiden gehabt hätte, musste in diesem Verfahren leider offen bleiben.

Über diesen Punkt ist jedenfalls die höchstrichterliche Rechtsprechung im Falle einer Beteiligung am Suizid bisher nicht hinausgelangt. Wer also straffreie Beihilfe zur Selbsttötung leistet, bleibt der Gefahr einer Bestrafung ausgesetzt, wenn der Suizident in seinem Beisein die Tatherrschaft verliert. Er muss sich sozusagen ‚aus dem Staub machen', den Sterbenden verlassen, ehe dieser das Bewusstsein verliert und ohne recht zu wissen, ob, wann und mit welchen dann eintretenden Folgen bis zu seinem Tod der Lebensmüde die Tat

---

[105] BGHSt, Beschluss v. 18.7.1987 in NJW 1988/1532

vollzieht. Dies ist die Quintessenz eines außerordentlich sorgfältig begründeten Beschlusses des OLG München aus dem Jahr 1987.[106] Ihm lag ein Fall zugrunde, in dem ein Arzt einer schwerst leidenden, den Tod suchenden Krebspatientin die eigenhändige Injizierung eines Giftes ermöglichte, dann aber den Raum verließ ohne sicher zu wissen, ob und wann die Patientin die Injektion auslösen und in eine kurze Übergangsphase der Bewusstlosigkeit fallen würde. Selbst wenn man, so das Gericht, von einer fortbestehenden Garantenpflicht des Arztes für die Zeit nach Eintritt der Bewusstlosigkeit ausgehen würde, fehle es am Tatbestand einer versuchten Tötung auf Verlangen, weil der Arzt nicht rechtswidrig handelte, wenn er sich bei dem Leidenszustand und unter Berücksichtigung der flehentlichen Bitten der Patientin, sie von ihrem Leiden zu erlösen, dafür entschied, nichts mehr zu ihrer Rettung zu unternehmen, sondern ihr Selbstbestimmungsrecht zu respektieren. Darüber hinaus entfalle auch der Tatbestand der unterlassenen Hilfeleistung, weil die Verhinderung des Suizids bei den gegebenen ungewöhnlichen Umständen nicht mehr als erforderliche Hilfe i. S. des § 323c StGB gewertet werden könne. Die Verhinderung der Selbsttötung hätte die unannehmbare Folge gehabt, dass der Patientin statt der Beendigung die Verlängerung ihres Leidens aufgezwungen worden wäre. Die vermeintliche Hilfe hätte lediglich zu einer inhumanen Quälerei geführt.

Man darf bei dieser Entscheidung nicht übersehen: dies war ein von außerordentlichen Umständen geprägter Son-

---

[106] Beschluss vom 31.7.1987 in NJW 1987/2940 ff.

derfall. Grundsätzlich hingegen bleibt es dabei: Wer einen noch lebenden, aber nicht mehr ansprechbaren Suizidenten auffindet und nichts zur Abwendung eines bevorstehenden oder auch nur möglichen Lebensendes unternimmt, muss, gleichviel ob als Garant oder als nicht in einem besonderen Garantenverhältnis zum Lebensmüden Stehender, damit rechnen, strafrechtlich zur Rechenschaft gezogen zu werden, auch wenn er den dezidierten Sterbewillen des Betreffenden kennt und ihn respektieren möchte. Denn ein solcher Wille könnte im konkreten Fall als unbeachtlich, als nicht freiverantwortlich beurteilt werden oder als jedenfalls für sich allein nicht ausreichender Rechtfertigungsgrund für die unterlassene Rettung angesehen werden.

Reformbestrebungen

Die hier in groben Zügen wiedergegebene Rechtsprechung ist außerordentlich kontrovers diskutiert und vielfach sowohl in der Sache als auch rechtsdogmatisch scharf kritisiert worden. Unter den daran anknüpfenden Reformvorschlägen ist zunächst der ‚Alternativentwurf eines Gesetzes über Sterbehilfe' hervorzuheben, den ein Arbeitskreis von Professoren des Strafrechts und der Medizin sowie ihrer Mitarbeiter im Jahr 1986 vorgelegt hat.[107] Er bildet – bereits in Gestalt ausformulierter Gesetzesbestimmungen – die wesentlichen Punkte ab, in denen die Reformbefürworter eine vertretbare Weiterentwicklung des geltenden Rechtes sehen.

---

[107] Abgedruckt in Eser / Koch S. 153 f.

Der Entwurf sucht zunächst eine schon weitgehend anerkannte Praxis festzuschreiben, der zufolge nicht rechtswidrig handelt, wer lebenserhaltende Maßnahmen abbricht oder unterlässt, wenn (1) der Betroffene dies ausdrücklich und ernstlich verlangt oder wenn (2) er nach ärztlicher Erkenntnis das Bewusstsein unwiederbringlich verloren hat oder im Falle eines schwerstgeschädigten Neugeborenen niemals erlangen wird oder (3) der Betroffene nach ärztlicher Erkenntnis sonst zu einer Erklärung über die Aufnahme oder Fortführung der Behandlung dauernd außerstande ist und aufgrund verlässlicher Anhaltspunkte anzunehmen ist, dass er im Hinblick auf Dauer und Verlauf seines aussichtslosen Leidenszustandes, insbesondere auf seinen nahe bevorstehenden Tod, diese Behandlung ablehnen würde oder (4) bei nahe bevorstehendem Tod im Hinblick auf den Leidenszustand des Betroffenen und die Aussichtslosigkeit einer Heilbehandlung die Aufnahme und Fortführung lebenserhaltender Maßnahmen nach ärztlicher Erkenntnis nicht mehr angezeigt ist.

Dies alles soll auch für Suizidenten gelten.[108]

Eine weitere Bestimmung gilt den in der Sache heute weitgehend anerkannten, leidensmindernden Maßnahmen. Wer danach als Arzt oder mit ärztlicher Ermächtigung bei einem tödlich Kranken mit dessen ausdrücklichem oder mutmaßlichem Einverständnis Maßnahmen zur Linderung schwerer, anders nicht zu behebender Leidenszustände trifft, handelt nicht rechtswidrig, auch wenn dadurch als nicht vermeid-

[108] § 214 StGB Alternativentwurf a.a.O.

bare Nebenwirkung der Eintritt des Todes beschleunigt wird.[109]

Eine dritte Bestimmung ist der Nichtbehinderung einer Selbsttötung gewidmet. Ihr zufolge handelt nicht rechtswidrig, wer es unterlässt, die Selbsttötung eines anderen zu hindern, wenn diese auf einer frei verantwortlichen, ausdrücklich erklärten oder aus den Umständen erkennbaren ernstlichen Entscheidung beruht. Von einer solchen Entscheidung dürfe aber nicht ausgegangen werden, wenn der sich selbst Tötende noch nicht 18 Jahre alt ist oder wenn seine freie Willensbestimmung infolge einer krankhaften seelischer Störung beeinträchtigt sei.[110]

Die vierte Bestimmung befasst sich mit der Tötung auf Verlangen. Sie behält im Grundsatz die bisher geltende Regelung bei, dass auf Freiheitsstrafe von sechs Monaten bis zu fünf Jahren zu erkennen ist, wenn jemand durch das ausdrückliche und ernstliche Verlangen des Getöteten zu dessen Tötung veranlasst worden ist. Auch der Versuch soll weiter strafbar sein. Das Gericht soll aber von Strafe absehen können, wenn die Tötung der Beendigung eines schwersten, vom Betroffenen nicht mehr zu ertragenden Leidenszustandes gedient hat, der nicht durch andere Maßnahmen behoben oder gelindert werden konnte.[111]

Der Gesetzgeber hat sich indessen nicht entschließen können, diese Reformvorschläge aufzugreifen und umzusetzen.

---

[109] § 214a StGB Alternativentwurf, a.a.O.
[110] § 215 StGB Alternativentwurf, a.a.O.
[111] § 216 StGB Alternativentwurf, a.a.O.

Zwanzig Jahre später, im Jahr 2006, trat erneut eine Gruppe von zwanzig Jura-Professoren unter fachlicher Mitwirkung von einigen Medizinern und Theologen mit einem ‚Alternativentwurf Sterbebegleitung' an die Öffentlichkeit.[112] Er nahm in wesentlichen Teilen die Vorschläge des zuvor dargestellten wieder auf. Darin kommt zum Ausdruck, dass es sich bei den seit 1986 gemachten Vorschlägen um sehr konsistente Rechtsauffassungen handelt. Neu ist der Vorschlag, die Begrenzung, Beendigung oder Unterlassung lebenserhaltender Maßnahmen auch dann vom Odium der Rechtswidrigkeit zu befreien, wenn der Betroffene dies in einer wirksamen schriftlichen Patientenverfügung für den Fall seiner Einwilligungsunfähigkeit angeordnet hat. Gleiches soll für den Fall leidensmindernder Maßnahmen gelten, wenn dadurch der Eintritt des Todes als nicht vermeidbare und nicht beabsichtigte Nebenwirkung beschleunigt wird. Anders als der Entwurf von 1986 spricht sich der Alternativentwurf Sterbebegleitung wieder für ein uneingeschränktes Verbot der Tötung auf Verlangen aus. Dafür will er aber einem Arzt die Möglichkeit eröffnen, auf ausdrückliches und ernstliches Verlangen eines tödlich Kranken nach Ausschöpfung aller therapeutischen Möglichkeiten Beihilfe zur Selbsttötung zu leisten, um unerträgliches und unheilbares Leiden abzuwenden.

---

[112] Alternativentwurf Sterbebegleitung, S. 36 ff., siehe www.home.tiscali.de/sterbehilfe

Diese Vorschläge fanden volle Zustimmung auf dem 66. Deutschen Juristentag 2006, der Standesversammlung deutscher Juristen.[113]

Der Nationale Ethikrat, ein vom Bundeskanzler berufener, unabhängiger Sachverständigenrat, der die ethischen, gesellschaftlichen, naturwissenschaftlichen, medizinischen und rechtlichen Fragen sowie die voraussichtlichen Folgen für Individuum und Gesellschaft verfolgt, die sich in Zusammenhang mit der Forschung und der Entwicklung insbesondere auf dem Gebiet der Lebenswissenschaften und ihrer Anwendung auf den Menschen ergeben, hat ebenfalls im Jahr 2006 zur hier in Rede stehenden Problematik Stellung genommen.[114] Auch er befürwortet das Recht jedes Patienten, eine medizinische Maßnahme abzulehnen. Dies gelte auch dann, wenn die medizinischen Maßnahmen sein Leben verlängern könnten. Ärzte, Pflegende und Angehörige sollten daher, dem Willen des Patienten entsprechend, lebenserhaltende Maßnahmen unterlassen, begrenzen und beenden dürfen, ohne strafrechtliche oder berufsrechtliche Sanktionen befürchten zu müssen. Gleiches solle gelten, wenn der Betroffene zu einer Erklärung außerstande sei, seine Ablehnung aber hinreichend sicher einer Patientenverfügung oder sonstigen verlässlichen Anhaltspunkten zu entnehmen sei.

---

[113] Beschlüsse des 66. Deutschen Juristentages vom 19.–22. September in Stuttgart S. 7 ff., siehe www.dtg.de/files/dtg/66/66_DJT_Beschlüsse.pdf

[114] Selbstbestimmung und Fürsorge am Lebensende, Juli 2006, S. 97 ff., siehe www.ethikrat.org/stellungnahmen/

In der Frage des Freitodes plädiert der Ethikrat für die Beibehaltung der Straflosigkeit von Suizidversuch und Beihilfe zum Suizid, spricht sich dagegen gegen eine Straflosigkeit der Anstiftung aus. Bestehen bei einem Suizidversuch eines schwer kranken Menschen klare Anhaltspunkte, dass der Versuch aufgrund eines ernsthaft bedachten Entschlusses erfolgt, und dass der Betroffene jegliche Rettungsmaßnahme ablehnt, so sollen nach Auffassung der Mehrheit der Mitglieder des Ethikrates Personen, die beispielsweise als Ärzte oder Angehörige eine besondere Einstandspflicht für den Suizidenten haben, von einer Intervention absehen dürfen, ohne Strafverfolgung befürchten zu müssen. Eine Minderheit des Ethikrates möchte diese Möglichkeit allerdings auf Situationen beschränkt sehen, in denen die schwere Krankheit absehbar zum baldigen Tode führen wird.

In der Frage der Zulässigkeit ärztlicher Beihilfe zum Suizid ist der Ethikrat gespalten. Wohl die Mehrheit sieht darin einen Widerspruch zum ärztlichen Ethos. Ein Teil der Mitglieder möchte diesen Weg indessen Ärzten öffnen, sofern ein unerträgliches und unheilbares Leiden des Patienten vorliegt, die Entscheidungsfähigkeit des Patienten gegeben ist und sein Wunsch zu sterben – nach Beratung und ausreichender Bedenkzeit – als endgültig anzusehen ist.

Ob diese Voten zu einer entsprechenden Gesetzesänderungen führen werden, bleibt abzuwarten. Die vernehmbaren Äußerungen aus dem parlamentarischen Raum lassen eher erwarten, dass man sich nicht so bald auf Änderungen im Sinne der hier dargestellten Vorschläge und Stellungnahmen wird verständigen können.

4.2. Die öffentliche Meinung

Das Spektrum der öffentlichen Meinung in Deutschland zu den hier in Rede stehenden Fragen, in einzelnen, wesentlichen Facetten durch demoskopische Umfragen erfasst und in einer sich verdichtenden Berichterstattung und Thematisierung in den Medien widergespiegelt, lässt sich inhaltlich zwischen zwei unterschiedlichen Sichtweisen verorten, als deren Exponenten auf der einen Seite die Hospiz-Bewegung, auf der anderen Seite die Deutsche Gesellschaft für Humanes Sterben gelten können. Die hier ebenfalls hineinreichende, noch immer beträchtliche Wirkungsmacht der in und von den Kirchen repräsentierten Glaubensüberzeugungen und der Einfluss einer leidvollen deutschen Geschichte im Umgang mit Selbst- und Fremdbestimmung über Leben und Tod auf den heutigen Umgang mit diesen Fragen sollen eigenen Betrachtungen vorbehalten bleiben.

Ergebnisse demoskopischer Umfragen

Die Einstellung der deutschen Bevölkerung zu Fragen der passiven und aktiven Sterbehilfe ist in den Jahren 2003 bis 2005 in mehreren Repräsentativbefragungen erhoben und abgespiegelt worden.

Einer Umfrage des Instituts für Demoskopie Allensbach vom April 2005 zufolge[115] sprachen sich 80% der Befragten dafür aus, dass der Arzt lebensverlängernde Maßnahmen

[115] Allensbacher Archiv, IfD-Umfragen, zuletzt 7069, April 2005

einstellt, wenn der Patient ausdrücklich erklärt hat, dass er das wünscht. Das waren 5% mehr als bei einer Umfrage im Vorjahr. 8% sprachen sich gegen eine solche passive Sterbehilfe aus, 2% weniger als im Vorjahr. 12% zeigten sich unentschieden. Selbst im Falle eines Patienten, der seit vielen Jahren im Wachkoma gelegen hat, nicht vorsorglich vor dem Eintritt eines solchen Ereignisses seinen Willen auf Behandlungsabbruch geäußert hat und in seinem akuten Zustand einen solchen Willen nicht mehr äußern kann,[116] hielten es noch 56% für richtig, die bisherige Behandlung einzustellen. 21% sprachen sich dagegen aus, weitere 21% waren unentschieden.

Eine weitere Befragung des forsa-Instituts[117] vom September 2003 im Auftrag der Deutschen Gesellschaft für Humanes Sterben galt Meinungen der Bevölkerung zur aktiven direkten Sterbehilfe. Hierbei äußerten 15% der Befragten, die aktive Sterbehilfe, also die Tötung auf Verlangen sollte grundsätzlich verboten sein, weil es dazu immer bessere Alternativen gebe. 61% wollten eine solche Tötung auf Verlangen nicht grundsätzlich ausschließen, sie aber nur erlaubt sehen in seltenen Extremfällen, also bei unheilbar Schwerstkranken, deren Leiden nicht gemindert werden könne. Nach Meinung von immerhin 23% der Befragten sollte Tötung auf Verlangen nicht nur in Extremfällen, sondern immer dann erlaubt sein, wenn der Patient es wünsche.

---

[116] Hier wurde konkret Bezug genommen auf den viel diskutierten Fall der Amerikanerin Terri Schiavo, der großes Medieninteresse gefunden hatte.

[117] Siehe www.dghs.de

Von denjenigen, die sich grundsätzlich gegen aktive direkte Sterbehilfe ausgesprochen hatten, erklärten aber 63%, man sollte unheilbar Schwerstkranken an ihrem Lebensende alternativ durch medikamentöse Dämpfung von Schmerzen und Beruhigung helfen, wobei in Kauf genommen wurde, dass der Patient durch diese Behandlung schneller stirbt, dies aber nicht beabsichtigt wird. Weitere 44% sprachen sich alternativ für passive Sterbehilfe aus, also den Abbruch oder Verzicht auf lebenserhaltende Maßnahmen. 7% sahen auch in der Beihilfe zur Selbsttötung des Schwerstkranken einen Weg, alternativ zu helfen.[118]

Erwähnenswert ist schließlich eine Befragung des Emnid-Instituts vom Oktober 2004 im Auftrag der Deutschen Gesellschaft für Humanes Sterben, in der Meinungen zur Entscheidungskompetenz von Ärzten über die Behandlung schwerstkranker und voraussichtlich sterbender Patienten sowie über Sterbehilfe vor dem Hintergrund der Erwartungen über die künftige Leistungsfähigkeit des Gesundheitswesens erhoben wurden. Dass die Verknappung der Gelder zu einer mangelhaften medizinischen Versorgung in vielen Einzelfällen führen werde, halten 46% der Befragten für sehr wahrscheinlich, weitere 34% für eher wahrscheinlich, 17% für eher unwahrscheinlich und nur 2% für völlig unwahrscheinlich. Die Skepsis erreicht ab dem 40. Lebensjahr ihr dann gleichbleibend hohes Niveau. 34% halten es unter diesen Umständen für sehr wahrscheinlich, dass Patienten frü-

---

[118] Die über 100% hinausgehenden Angaben erklären sich durch die Möglichkeit von Mehrfachnennungen.

her sterben werden, weil mutmaßlich besonders bei Schwerstkranken und alten Menschen gespart wird, 28% für eher wahrscheinlich, 31% für eher unwahrscheinlich und 7% für völlig unwahrscheinlich. Hier beginnt die pessimistische Einschätzung bereits mit dem 30. Lebensjahr. Schließlich gebeten, sich einen Arzt vorzustellen, der bei einem schwerst kranken und voraussichtlich sterbenden Patienten eine weitere lebensverlängernde Behandlung ablehnt, obwohl der Patient eine solche Behandlung wünscht, meinten über alle Altersgruppen hinweg nur mit geringen Abweichungen 65% der Befragten, nicht der Arzt sondern der Patient sollte entscheiden, ob eine lebensverlängernde Behandlung durchgeführt wird. 20% meinten, der Arzt sollte verpflichtet werden, den Patienten dann an einen Kollegen weiterzureichen, der bereit ist, eine lebensverlängernde Behandlung durchzuführen. 8% meinten, die Entscheidung des Arztes sollte gelten, weitere 4% sprachen sich für die Einschaltung eines Gerichtes aus, falls Arzt und Patient unterschiedlicher Auffassung darüber seien, die Behandlung fortzusetzen oder einzustellen. Bemerkenswert bei der Beantwortung dieser Frage ist, dass Befragte mit einer Parteienpräferenz für die FDP, abweichend von allen übrigen, dem Willen des Patienten ein deutlich geringeres Gewicht einräumten.

Vor dem Hintergrund der zuvor gestellten Fragen ging es dem Auftraggeber wohl darum, die Einschätzung der Wichtigkeit einer gesetzlichen Regelung der Sterbehilfe in Deutschland bei den Befragten zu ermitteln. 46% hielten das für sehr wichtig, 28% für eher wichtig, 14% für weniger wichtig und 8% für überhaupt nicht wichtig.

Man muss sich gewiss bewusst bleiben, dass einzelne Meinungsumfragen immer nur momentane Stimmungen wiedergeben und dass sie sich an Menschen richten, die jedenfalls von den hier in Rede stehenden Problemen und Fragen nur zu einem sehr kleinen Teil unmittelbar betroffen sind, die deshalb für sie eher selten Gegenstand einer intensiven Auseinandersetzung gewesen sind. Beiseite schieben sollte man sie deswegen aber nicht. Sie zeigen in Fragen der passiven Sterbehilfe und der Leidensminderung um den möglichen Preis einer Lebensverkürzung eine weitestgehende Übereinstimmung mit der mittlerweile herrschenden Rechtsprechung, dagegen in Fragen der aktiven direkten Sterbehilfe eine gegenüber der geltenden Rechtslage größere Offenheit und weisen insbesondere auf eine mehr als unterschwellige Besorgnis hin, dass sich die ethisch hoch aufgeladenen Fragen über Leben und Tod unversehens an banalen Sachzwängen bei der Bezahlbarkeit medizinischer Möglichkeiten stoßen könnten.

Hospiz-Bewegung

Die Hospiz-Bewegung hat es sich aus einer unverrückbar bejahenden Grundhaltung dem Leben gegenüber zur Aufgabe gemacht, das schicksalhaft unausweichliche Sterben so erträglich wie immer möglich zu machen. „Hospize wollen den Tod weder beschleunigen noch hinauszögern. Hospize leben in der Hoffnung und Überzeugung, dass sich Patienten und ihre Familien so weit geistig und spirituell auf den Tod vorbereiten können, dass sie bereit sind, ihn anzunehmen. Voraussetzung hierfür ist, dass eine angemessene Pflege gewährleistet ist und es gelingt, eine Gemeinschaft von Menschen zu bilden, die sich ihrer Bedürfnisse verständnisvoll annimmt."[119] Auf dieses ganz und gar pragmatische und von allen rechtlichen Zweifelsfällen freie Ziel sind alle Überlegungen und Kräfte ausgerichtet.

Die letzte, dem Tode vorausgehende Lebensphase hat sich für die meisten der in Städten lebenden Menschen in Deutschland in Krankenhäuser und Pflegeheime verlagert. Dort sind sie zumeist medizinisch-pflegerisch professionell versorgt. Es bleibt in diesen Einrichtungen aber wenig Zeit und Raum, auf die mit dem Sterben oft verbundenen seelischen Ängste und Nöte mit der erforderlichen Zuwendung einzugehen. Aus ihren bisherigen sozialen Bezügen und ihren vertrauten Umgebungen weitestgehend herausgerissen, umgibt diese Menschen eine große, oft verzweifelte Einsamkeit.

Die Hospizbewegung versucht hier mit ihren sächlichen und personellen Einrichtungen Rahmen zu schaffen, in denen sterbende Menschen – soweit es geht, zusammen mit ihren Angehörigen und in einer vertrauten Atmosphäre – diese letzte Lebensspanne in einer Weise bewältigen können, bei der sie, Patient und Angehörige, selbst die Kontrolle über das Geschehen behalten, in der nicht über sie und ihre Bedürfnisse von dritter Seite verfügt wird.

Eine der wichtigsten Säulen in dieser Konzeption sind in erster Linie Menschen – oft freiwillig und ehrenamtlich, aber sachlich auf ihre übernommene Aufgabe vorbereitet und da-

---

[119] Christoph Student, siehe http://christoph-student.homepage.t-online.de/41518/41518.html

bei begleitet – die den vom Sterben eines Angehörigen Betroffenen zur Hand gehen, indem sie Alltägliches tun: kochen, einkaufen, Kinder hüten, am Bett sitzen, reden, teilnehmen, zur Verfügung stehen. „Ihr Ziel ist es, Sterbebegleitung zu einem Teil alltäglicher, mitmenschlicher Begegnung zu machen und damit der Integration des Sterbens in den Alltag zu dienen, Sterbenden und Trauernden die Teilhabe an der Gesellschaft (wieder) zu ermöglichen."[120] Wenn dies gelingen soll, ist verlässliche Kontinuität unerlässlich. Der Hospizdienst hat es sich deshalb zum Ziel gesetzt, für die Betroffenen rund um die Uhr verfügbar zu sein. Hier werden schwer zu überwindende Grenzen des Konzeptes erkennbar, denn eine solche Intensität der Fürsorge stößt rasch an ihre personellen Grenzen. Schon deshalb kann dieses Konzept nicht allen helfen, die seiner bedürften.

Eine ebenso wichtige weitere Säule des Konzeptes besteht in einer professionellen Bekämpfung von Schmerzen. Damit wird, wie Student[121] ausführt, der Tatsache Rechnung getragen, dass es zu den größten Ängsten sterbender Menschen gehört, unter Schmerzen leiden zu müssen. In etwa 95% aller Fälle können die Schmerzen sterbender Menschen mit den Methoden der modernen Schmerztherapie erfolgreich behandelt werden. In der Hospiz-Bewegung wird davon ausgegangen, dass noch immer 70 bis 80% aller schmerzkranken Patienten in Deutschland in dieser Hinsicht unzureichend behandelt werden. Schmerztherapie wird in der Hospiz-Be-

---

[120] C. Student, a.a.O.
[121] C. Student, a.a.O.

wegung allerdings in einem noch umfassenderen Sinne gesehen, weil Schmerz über seine medikamentöse Behandelbarkeit weitere Dimensionen hat. Die körperliche Dimension des Schmerzes erfordert immer auch einen sorgsamen Umgang mit dem geschundenen Körper des Kranken. Pflege im Umgang mit sterbenden Menschen sollte deshalb gleichzeitig liebevolle Berührung sein. Darüber hinaus gibt es eine soziale, durch Einsamkeits- und Verlassenheitsgefühle des Sterbenden verschärfte Dimension des Schmerzes sowie eine seelische, die von vielerlei angstvollen Verspannungen und ungelösten Fragen hervorgerufene Dimension von Schmerz. Sie sucht man durch beruhigende menschliche Nähe, Verständnis und Gesprächsbereitschaft aufzufangen.

Organisatorisch bestehen die Angebote der Hospizbewegung in einem sich zunehmend verdichtenden, aber bei weitem nicht flächendeckenden Geflecht aus ambulanten Diensten sowie stationären oder teilstationären Einrichtungen. Trotz aller engagierten Bemühungen können sie bis heute aber nur einen Bruchteil des bestehenden Bedarfes abdecken. Viele der von dieser Organisation gegebenen Anregungen und Impulse sind mittlerweile auch von anderen, öffentlichen oder privaten Pflegeeinrichtungen aufgegriffen worden. Die Übertragbarkeit des hilfreichen Handlungskonzeptes der Hospizbewegung auf andere Pflegeorganisationen scheint jedoch mit problematischen qualitativen Einbußen verbunden zu sein.[122]

---

[122] Hierzu im Einzelnen Göckenjan, Sterben in unserer Gesellschaft – Ideale und Wirklichkeiten, APuZ 4/2008, S. 13 f.

Wenn und soweit die Maßnahmen der Hospiz-Bewegung greifen, bleibt nach ihrem Verständnis das Sterben ein natürlicher, schicksalhaft-unabwendbarer Prozess, der durchgestanden werden muss, aber auch menschengemäß und menschenwürdig durchgestanden werden kann und deshalb weitergehende Überlegungen einer künstlich beförderten Lebensbeendigung oder Lebensverkürzung entbehrlich macht.

Deutsche Gesellschaft für Humanes Sterben

Anlass für das Entstehen der Gesellschaft war die Praxis einer weitgehenden Fremdbestimmung über den Verlauf menschlichen Leidens und Sterbens. Wer durch gravierende, vorgeburtliche oder geburtliche Schäden, durch Unfall, Krankheit oder Alter sein Leben nicht oder nicht mehr selbst meistern konnte, sondern pflegebedürftig wurde, sah sich in der Frage, ob und wie lange ein solcher, oft von vielerlei schwer erträglichen Leiden begleiteter Zustand zu ertragen sei, von einer Umgebung abhängig, die zwar enorme Fortschritte darin gemacht hatte, vom Tod bedrohtes Leben zu erhalten und damit einhergehende Schmerzen und Leiden zu lindern, die aber nicht helfen wollte und sich darin auch durch strenge gesellschaftliche Regeln gehindert sah, ein solches Leben zu beenden oder wenigstens enden zu lassen, wenn der Betroffene dies wollte.

Kernanliegen der Gesellschaft wurde deshalb, sich dafür einzusetzen, dass Menschen auch in dieser ‚letzten' Frage ein Selbstbestimmungsrecht haben. Sie stützt sich dabei zum einen auf das Verfassungsgebot des Grundgesetzes, das in Artikel 1 bestimmt: „Die Würde des Menschen ist unantastbar. Sie zu achten und zu schützen ist Verpflichtung aller staatlichen Gewalt." Zum anderen bezieht sie sich auf das allgemeine Freiheitsrecht in Artikel 2 Grundgesetz, demzufolge jeder das Recht auf freie Entfaltung seiner Persönlichkeit hat, soweit er nicht die Rechte anderer verletzt und nicht gegen die verfassungsmäßige Ordnung oder das Sittengesetz verstößt.

Was unter dem Begriff Menschenwürde zu verstehen ist, was sie beinhaltet, hat eine facettenreiche, von den jeweiligen weltanschaulichen Grundpositionen der Interpreten stark geprägte Auslegung erfahren. Die Deutsche Gesellschaft für Humanes Sterben (DGHS) folgt hier einer Auslegung, die in Anlehnung an eine Entscheidung des Bundesverfassungsgerichts[123] die Würde des Menschen in dem sieht, wie er sich in seiner Individualität selbst begreift und seiner selbst bewusst wird. Es komme entscheidend darauf an, was der Betroffene empfinde. Jeder Bürger könne ein ihm eigenes, individuelles Würde-Verständnis haben. Das Recht auf freie Entfaltung der Persönlichkeit erlaube ihm, dieses Verständnis individueller Würde bis zu seiner letzten Lebensminute ungehindert auszuüben. Das gelte sowohl für sein für andere unverfügbares Recht, zu leben als auch für den Anspruch, von diesem Leben zu lassen, wenn man den richtigen Zeitpunkt für gekommen halte.

---

[123] BVerfGE 49, 298

An dieser Stelle erfolgt eine klare Abgrenzung gegenüber einigen, insbesondere von den Kirchen eingenommenen Positionen.[124] „Wer sich innerhalb des Rahmens staatsrechtlicher Verfassung und höchstrichterlicher Rechtsprechung in Glaubens- und Gewissensfragen gegen die Freiheiten des Individuums von kirchlichen Dogmen ausspricht, wonach der geglaubte Gott das Leben gegeben habe und nur er es nehmen könne, und an solche Dogmen glaubt, soll dies glauben dürfen. Kirchlich oder anderweitig begründeter Glaube und die persönliche Gewissensfreiheit dürfen aber nicht soweit toleriert werden, dass sie das Selbstbestimmungsrecht auf ein würdiges, humanes Sterben untergraben. Menschenwürde hat den Menschen auch davor zu schützen, zum Objekt der Menschenwürdedefinition eines anderen zu werden. … In einer pluralistischen Gesellschaft unterschiedlicher Werte und Glaubenshaltungen muss der Sowohl-als-auch-Standpunkt, nicht der Entweder-oder-Standpunkt die Regel sein. Wer als Mensch von der heilbringenden Kraft des Leidens und der Bedeutung im messianischen Sendungsauftrag Christi überzeugt ist … soll so leben und so sterben dürfen. Wer hingegen vom Gegenteil überzeugt ist oder differenzierte andere Auffassungen hat, soll nach diesen anderen Auffassungen leben und sterben dürfen – mit durchsetzbarer staatlicher Unterstützung."

---

[124] DGHS: 10 Thesen Papier zur aktuellen Diskussionslage in Deutschland: Die Ethik des humanen Lebens und Sterbens vom 02.09.2004 http://www.humanesleben-humanessterben.de/rubriken/debatten/10thesenpapier.html

Dem einzelnen Bürger müsse es unbenommen bleiben, zur Abwehr individuell empfundener Entwürdigung den eigenen Leidenszustand notfalls von eigener Hand abzukürzen, sofern der Staat den Erhalt dieser Würde nicht de facto garantieren könne. Soweit dem im Rahmen der verfassungsmäßigen Ordnung ergangene Gesetze entgegenstehen, werden sie von der DGHS heute ausdrücklich respektiert. Sofern indessen gesetzliche Gestaltungen möglich erscheinen, die im Rahmen der verfassungsmäßigen Ordnung den Belangen der individuellen Menschenwürde und der freien Entfaltung der Persönlichkeit besser Rechnung zu tragen vermögen, setzt sie sich für solche Änderungen ein. Mit Blick auf das geltende Recht sieht die DGHS hier fortdauernden Reformbedarf. Er betrifft vor allem die Ermöglichung eines freiverantwortlichen Sterben-Könnens und die Klärung, inwieweit Dritte hierbei behilflich sein können, ohne sich selbst einer Rechtsverfolgung auszusetzen. Die Vorstellungen über eine praktikable Umsetzung dieser Anliegen decken sich im Wesentlichen mit den Reformbestrebungen der bereits besprochenen Reformkonzepte, die Professoren des Strafrechts und der Medizin sowie ihre Mitarbeiter in den Jahren 1986 und 2006 vorgelegt haben.[125]

---

[125] s.o. S. 89 f.

4.3. Die Stellung der Kirchen

Die in der Gesellschaft bestehenden Einstellungen zu Leben und Tod sind in unserem Kulturkreis von alters her und noch immer in starkem Maße von den Religionsgemeinschaften geprägt. Auch wenn das religiöse Spektrum in unserem Land in den letzten Jahrzehnten farbiger geworden ist, soll sich diese Betrachtung auf die großen christlichen Kirchen beschränken, weil sie jedenfalls bisher die Wertewelt unserer Gesellschaft am stärksten prägen. Selbst wenn die Bindung vieler Menschen an ihre Kirchen loser und distanzierter geworden ist, wirken deren Glaubens- und Wertüberzeugungen doch noch immer, direkt oder unterschwellig, in die Wertewelt des Einzelnen und in die Gesellschaft insgesamt Orientierung bietend hinein.

Die katholische Kirche

Die katholische Kirche nimmt zu den hier in Rede stehenden Problemen eine sehr entschiedene Stellung ein. Sie ist – beispielhaft – schon in einer Erklärung der Deutschen Bischofskonferenz zum Lebensrecht des Menschen und der Euthanasie vom 01.06.1975[126] dezidiert zum Ausdruck gebracht worden und hat sich auch bis in Verlautbarungen der Kirche in jüngster Zeit nicht verändert.

---

[126] abgedruckt u.a. in Eser / Koch, S. 160 ff.

Demnach müsse für Christen wie für jeden human Gesinnten menschliches Leben, in welchem Stadium auch immer es sich befinde, unverfügbar und unantastbar sein.

Jeder Mensch habe Anspruch auf ein menschenwürdiges Sterben – so wie es die Kirche versteht: Das Sterben sei die letzte große Lebensaufgabe, die der Mensch zu bewältigen habe. Diese Aufgabe könne ihm niemand abnehmen, wohl aber könne ihm dabei geholfen werden. Dies habe in erster Linie dadurch zu geschehen, dass die Leiden des Kranken so gelindert werden, dass er seine letzte Lebensphase menschlich zu bewältigen vermag. Zum Anspruch auf menschenwürdiges Sterben gehöre weiterhin, dass der Kranke in seiner seelischen Not nicht allein gelassen werde. Gerade im Sterben würden die Fragen nach dem Woher und Wohin des Lebens bewusst. Es seien im letzten religiöse Fragen, die weder ausgeklammert noch verdrängt werden dürften. Dabei sei der Glaube eine wirksame Hilfe, die Angst vor dem Tod durchzustehen, ja zu überwinden. Er schenke dem Sterbenden eine feste Hoffnung. Der Glaube gebe auch dem Leiden, das uns unverständlich erscheine, seinen Sinn: Es sei die Teilnahme am Leiden Jesu Christi selbst.

Soweit heute eine direkte Verfügung über das eigene Leben und eine Tötung auf Verlangen unter Umständen als sittlich vertretbar angesehen werde, etwa dann, wenn ein Patient unheilbar krank sei und an qualvollen Schmerzen leidend eine Abkürzung seiner Sterbensphase verlange, werden solche Auffassungen scharf zurückgewiesen. Der Mensch habe kein derartiges Verfügungsrecht über sein Leben. Sicherlich habe er Anspruch auf Linderung seiner Schmerzen; aber er sei nicht Herr über Leben und Tod. Selbst derjenige, der sich in seinem Gewissen nicht an Gott gebunden halte, werde – so die Meinung der Kirche – zugeben, dass die Verfügung über das eigene Leben in Widerspruch zu einer Wertordnung stehe, die auf der unbedingten Achtung vor dem Leben gründe.

Die katholische Kirche erwartet also, und dies nicht allein von ihren Anhängern, das Sterben müsse, wenngleich soweit wie eben möglich gelindert und seelisch begleitet, durchgestanden werden. Angesichts der enorm gewachsenen medizinischen Möglichkeiten hat sie diese rigide Haltung nur an einem Punkten etwas abgemildert: Wenn durch ärztliche Maßnahmen, beispielsweise eine Operation, das Leben zwar geringfügig verlängert werden könne, dies jedoch mit der Not und der Last, dass der Kranke in dieser gewonnenen Lebenszeit unter schwersten körperlichen oder seelischen Störungen leidet, sei seine Entscheidung, sich einer solchen Operation nicht zu unterziehen, sittlich zu achten. Wenn zum anderen bei Schwerkranken jede Hoffnung auf Besserung ausgeschlossen sei, und der Einsatz besonderer medizinischer Techniken ein vielleicht qualvolles Sterben nur künstlich verlängert würde, und wenn der Patient, Angehörige und Ärzte dann unter Abwägung aller Umstände von außergewöhnlichen medizinischen Mitteln und Maßnahmen absähen, könne man ihnen nicht die Anmaßung eines unerlaubten Verfügungsrechts über menschliches Leben vorwerfen.

Die Bischöfe hatten ihre Erklärung noch auf weitere Bedenken hinsichtlich der Konsequenzen gestützt, die eine wie auch immer geartete Verfügbarkeit über eigenes und fremdes

Leben nach sich ziehen könnte. Sie sind indessen nicht religiös begründet und wurden an anderer Stelle bereits ausführlich dargelegt.[127]

Die evangelische Kirche

Die evangelische Kirche nimmt zu den hier erörterten Fragen eine etwas offenere und tolerantere Position ein. In einer gemeinsamen Erklärung des Rates der Evangelischen Kirche in Deutschland und der Deutschen Bischofskonferenz ‚Gott ist ein Freund des Lebens: Herausforderungen und Aufgaben beim Schutz des Lebens vom 30.11.1989',[128] die auch bis heute im wesentlichen Gültigkeit behalten hat, heißt es unter anderem:

„Keiner hat über den Wert oder Unwert eines anderen menschlichen Lebens zu befinden – selbst nicht über das eigene. … Denn jeder ist ungleich mehr und anderes, als er von sich weiß. Keiner lebt nur für sich; und was einer für andere bedeutet, das wird er nie genau wissen. Im Glauben daran, dass Gott das Leben jedes Menschen will, ist jeder mit seinem Leben, wie immer es beschaffen ist, unentbehrlich. …"

„Christliches Sterben ist gewiss kein angstloses aber ein angst-bestehendes, angst-überwindendes Sterben, ein Sterben im Frieden, in dem der Sterbende mit seiner Lebensge-

---

[127] s.o. 3.2. (Lebensbewahrung als Pflicht gegenüber der Gesellschaft und Lebensbewahrung als menschengemäßes Verhalten)

[128] auszugsweise abgedruckt in Eser / Koch, S. 165

schichte und mit seinen Angehörigen ins Reine kommt. Christen wünschen und wollen, dass es ein Sterben sei, das der Betroffene als die letzte Phase seines Lebens selbst lebt, nicht umgeht und nicht auslässt. Aber da jeder den Umständen des Sterbens immer auch ausgeliefert ist, ist würdig zu sterben Gnade und eigenes Werk zugleich. …"

„Von den anderen ist jeder Sterbende als der zu achten, der sein Sterben selbst lebt. … Alle medizinischen und pflegerischen Maßnahmen sind in dieser Achtung vor seiner Würde vorzunehmen. Es darf nicht verhindert werden, dass der Sterbende auch am Ende seines Lebens selbst über sich bestimmt. Das schließt ein, dass man des Anderen Weise, sterben zu wollen, selbst dann achtet, wenn man an sich sein Vorgehen nicht billigt."

Das bedeutet zum einen: „Wenn ein Sterbenskranker äußerungsfähig ist und bewusst weitere medizinische Maßnahmen ablehnt, so ist ihm zu folgen. …" Das bedeutet zum anderen: Wenn mit ausdrücklichem oder mutmaßlichem Willen des Patienten medizinische Eingriffe vorgenommen werden, die das Leiden mindern mit dem Risiko, die Lebenszeit zu verkürzen, und hierbei nicht das Eintreten des Todes das Ziel ist, der Zweck dieses Handelns vielmehr darin besteht, das noch verbleibende Leben eines Sterbenden erträglich zu machen, dann kann dieses Risiko als Nebenwirkung hingenommen werden. Beides entspricht im Großen und Ganzen der geltenden Rechtslage.

In der Selbsttötung – so die Erklärung des Rates der Evangelischen Kirche und der Deutschen Bischofskonferenz – verneine der Mensch sich selbst. Vieles könne zu einem solchen letzten Schritt führen. Doch welche Gründe es auch sein mögen – keinem Menschen stehe darüber von außen ein Urteil zu. Für den Christen bedeute Selbsttötung eines anderen Menschen eine enorme Herausforderung. Er könne diese Tat im letzten nicht verstehen und billigen, könne aber dem, der so handele, seinen Respekt doch nicht versagen. Eine Toleranz gegenüber dem anderen noch über das Verstehen seiner Tat hinaus sei dabei gefordert. Doch die Selbsttötung billigen und gutheißen könne der Mensch nicht, der begriffen habe, dass er nicht nur für sich lebt. Jeder Selbsttötungsversuch könne für ihn nur ein ‚Unfall' und ein Hilfeschrei sein.

Unter keinen Umständen hinnehmbar hingegen sei die Tötung eines anderen Menschen, auch nicht auf sein Verlangen. Dies könne keine Tat der Liebe, des Mitleids mit einem anderen sein, denn es vernichte die Basis der Liebe.

4.4. Die Standesüberzeugungen der Ärzte

In die hier in Rede stehenden Probleme sind die Ärzte in besonderer Weise involviert. Wenn es um kranke, schwer leidende Menschen geht, sind sie es in der Regel, die, in Übereinstimmung mit dem ausdrücklich erklärten oder dem mutmaßlichen Willen ihrer Patienten, die Maßnahmen zu treffen haben, von denen das Überleben oder das Wann und Wie des Sterbens wesentlich abhängt. Und auch in Hinblick auf diejenigen, die sich das Leben nehmen wollen, sind es nicht selten Ärzte, von denen der Suizident sich die geeigneten Mittel erhofft und die, zur Hilfe eines noch nicht gestorbenen Lebensmüden gerufen, abzuwägen haben, ob der Betreffende ins Leben zurückgeholt oder ob, in Hinblick auf die zu erwartenden Folgen einer Rettung, den Dingen besser ihr Lauf gelassen werden sollte.

Über die Fragen, wie Ärzte sich in diesen Situationen verhalten sollen, bestehen auch unter ihnen große Meinungsverschiedenheiten, die ihre Wurzeln in ihren persönlichen Weltanschauungen und in ihrem jeweiligen beruflichen Selbstverständnis haben. Was das Letztere anlangt, hat das heutige Dachorgan der ärztlichen Standesvertretungen, die Bundesärztekammer, zuletzt im Jahr 2004 Grundsätze beraten und beschlossen, die ein mehrheitlich als standesgemäß zu betrachtendes Verhalten umreißen.[129] Man kann sagen, dass diese Grundsätze in voller Übereinstimmung mit der gegenwärtigen Rechtsprechung zu den angeschnittenen Fragen stehen.

Grundlegend wird darin festgeschrieben, es sei Aufgabe des Arztes, unter Beachtung des Selbstbestimmungsrechtes des Patienten Leben zu erhalten, Gesundheit zu schützen und wieder herzustellen sowie Leiden zu lindern und Sterbenden bis zum Tod beizustehen. Die ärztliche Verpflichtung zur Lebenserhaltung bestehe aber nicht unter allen Umständen.

Es gebe Situationen, in denen sonst angemessene Diagnostik und Therapieverfahren nicht mehr angezeigt und Begrenzungen geboten sein können. Dann trete palliativ-medizinische Versorgung in den Vordergrund. Die Entscheidung

---

[129] Grundsätze der Bundesärztekammer zur ärztlichen Sterbebegleitung vom 07.05.2004 in Deutsches Ärzteblatt 2004 Seite A, 1298/99

hierzu dürfe nicht von wirtschaftlichen Erwägungen abhängig gemacht werden. …

Art und Ausmaß einer Behandlung seien der medizinischen Indikation entsprechend vom Arzt zu verantworten; dies gelte auch für die künstliche Nahrungs- und Flüssigkeitszufuhr. Er müsse dabei den Willen des Patienten beachten. Ein offensichtlicher Sterbevorgang solle nicht durch lebenserhaltende Therapien künstlich in die Länge gezogen werden. Bei seiner Entscheidungsfindung solle der Arzt mit ärztlichen und pflegenden Mitarbeitern einen Konsens suchen.

Aktive Sterbehilfe sei unzulässig und mit Strafe bedroht, auch dann, wenn sie auf Verlangen des Patienten geschehe. Die Mitwirkung des Arztes bei der Selbsttötung widerspreche dem ärztlichen Ethos und könne strafbar sein.

Zu den ärztlichen Pflichten bei Sterbenden wird unter anderem präzisierend ausgeführt: Maßnahmen zur Verlängerung des Lebens dürfen in Übereinstimmung mit dem Willen des Patienten unterlassen oder nicht weitergeführt werden, wenn diese nur den Todeseintritt verzögern, und die Krankheit in ihrem Verlauf nicht mehr aufgehalten werden kann. Bei Sterbenden kann die Linderung des Leidens so im Vordergrund stehen, dass eine möglicherweise dadurch bedingte unvermeidbare Lebensverkürzung hingenommen werden darf. Eine gezielte Lebensverkürzung durch Maßnahmen, die den Tod herbeiführen oder das Sterben beschleunigen sollen, ist als aktive Sterbehilfe unzulässig und mit Strafe bedroht. …

Mit Blick auf Patienten mit sog. infauster Prognose, also der Erwartung, dass sie in absehbarer Zeit sterben werden, wird ausgeführt: Bei Patienten, die sich zwar noch nicht im Sterben befinden, aber nach ärztlicher Erkenntnis aller Voraussicht nach in absehbarer Zeit sterben werden, weil die Krankheit weit fortgeschritten ist, kann eine Änderung des Behandlungszieles indiziert sein, wenn lebenserhaltende Maßnahmen Leiden nur verlängern würden, und die Änderung des Therapiezieles dem Willen des Patienten entspricht. An die Stelle von Lebensverlängerung und Lebenserhaltung tritt dann palliativ-medizinische Versorgung einschließlich pflegerischer Maßnahmen. In Zweifelsfällen sollte eine Beratung mit anderen Ärzten und den Pflegenden erfolgen.

Zur Ermittlung des vom Arzt zu respektierenden Patientenwillens legen die Grundsätze fest, bei einwilligungsfähigen Patienten habe der Arzt die durch den angemessen aufgeklärten Patienten aktuell geäußerte Ablehnung einer Behandlung zu beachten, selbst wenn sich dieser Wille nicht mit den aus ärztlicher Sicht gebotenen Diagnose- und Therapiemaßnahmen decke. Das gelte auch für die Beendigung schon eingeleiteter lebenserhaltender Maßnahmen. Der Arzt solle aber Kranken, die eine notwendige Behandlung ablehnen, helfen, die Entscheidung zu überdenken.

Bei einwilligungsunfähigen Patienten sei die in einer Patientenverfügung zum Ausdruck gebrachte Ablehnung einer Behandlung für den Arzt bindend, sofern die konkrete Situation derjenigen entspreche, die der Patient in der Verfügung beschrieben habe, und keine Anhaltspunkte für eine nachträgliche Willensänderung zu erkennen seien.

Liege weder vom Patienten noch von einem gesetzlichen Vertreter oder einem Bevollmächtigten eine bindende Erklärung vor und könne eine solche nicht – auch nicht durch Bestellung eines Betreuers – rechtzeitig eingeholt werden, so habe der Arzt so zu handeln, wie es dem mutmaßlichen Willen des Patienten in der konkreten Situation entspreche. … Lasse sich der mutmaßliche Wille nicht … ermitteln, so solle der Arzt für den Patienten die ärztlich indizierten Maßnahmen ergreifen und sich in Zweifelsfällen für Lebenserhaltung entscheiden. Dies gelte auch bei einem apallischen Syndrom.

4.5. Die Bürde der Geschichte

In Deutschland ist der Umgang mit dem Problem, Sterbewilligen bei der Verwirklichung ihres Wunsches zur Hand zu gehen, mit zusätzlichen Vorbehalten behaftet, die aus der jüngeren Geschichte herrühren. Im zweiten Jahrzehnt des letzten Jahrhunderts gab es eine durchaus seriöse fachliche Erörterung der Frage, inwieweit es zulässig oder aus Gründen der Humanität gar geboten sei, geistig Schwerstbehinderten ihr Leiden durch einen Gnadentod abzunehmen. Diese Erörterung mündete dann allerdings 1920 in ein viel beachtetes Plädoyer des angesehenen Strafrechtslehrers Karl Binding und seines Universitätskollegen, des Psychiaters Alfred Hoche, das gedanklich zwar auf der Linie vieler Anstaltsärzte und Psychiater lag, aber auf den Widerstand der praktischen Ärzte stieß und ein Jahr später vom Deutschen Ärztetag einstimmig abgelehnt wurde.[130] Sowohl mit seinem unsäglichen Titel ‚Die Freigabe der Vernichtung lebensun-

[130] Binding / Hoche, S. 1

werten Lebens‘ als auch mit den darin verwendeten Begrifflichkeiten – nämlich dem Gemeinwesen nützlichen ‚Hauptmenschen‘ im Gegensatz zu schwer pflegebedürftigen ‚Nebenmenschen‘[131], die an anderer Stelle auch als ‚leere Menschenhülsen‘ und ‚Ballastexistenzen‘ bezeichnet wurden, wurde es zum Fanal für das von den Nationalsozialisten im Jahre 1938 in die Wege geleitete sogenannte Euthanasieprogramm, dem mit Hilfe namhafter Ärzte ab 1940 über 100.000 zumeist geistig Behinderte, auch gegen den verzweifelten Willen ihrer Angehörigen zum Opfer fielen. Aufgrund von Protesten, insbesondere der Kirchen, wurde das Programm zwar im August 1941 offiziell eingestellt, unter strenger Geheimhaltung aber gleichwohl bis 1945 weitergeführt, wobei noch einmal zwanzig- bis dreißigtausend weitere Menschen ihr Leben verloren.[132] Darüber hinaus entfaltete der Begriff des ‚lebensunwerten Lebens‘ eine entsetzliche Eigendynamik. Vom ‚Nebenmenschen‘ war es nur noch ein kleiner Schritt zum ‚Untermenschen‘, einer zynischen Abwertung anderer Personengruppen, vornehmlich Juden, Sinti und Roma, deren für unwert erklärte Leben nicht nur in Gaskammern vernichtet, sondern, wiederum von Ärzten, auch zu allerlei, vielfach tödlich endenden medizinischen Experimenten missbraucht wurden. Es ist deshalb begreiflich, wenn dieser fürchterliche Tabubruch noch heute in Deutschland jede Diskussion über Sterbehilfe wie ein Menetekel überschattet.

---

[131] Fittkau / Gehring, Zur Geschichte der Sterbehilfe in APuZ 4/2008, S. 28
[132] Brockhaus Bd. 6, S. 675 (Euthanasie)

4.6. Rechtsauffassungen benachbarter Länder

Die Diskussion um die strafrechtliche Schutzbedürftigkeit des Lebens in Deutschland vollzieht sich zum Teil im Kontext mit den Auffassungen, die sich darüber in unseren Nachbarländern gebildet haben. Zusätzliche Bedeutung gewinnen diese durch die zu erwartende Harmonisierung des Rechts in der Europäischen Union. Deshalb soll hier ein knapper Überblick über den Stand der Rechtsentwicklung in Frankreich, Großbritannien, den skandinavischen Ländern, den Niederlanden, Belgien, Spanien, Italien, Österreich und der Schweiz gegeben werden – auch wenn letztere nicht Mitglied der EU ist.[133]

In allen diesen Ländern ist das menschliche Leben gegen vorsätzliche und fahrlässige Tötung in tatbestandlich unterschiedlich abgestuften Formen durch strafbewehrte Vorschriften geschützt. Einzelne Länder berücksichtigen aber achtenswerte Gründe, wie etwa Mitleid des Tötenden mit dem Getöteten, als strafmildernd (Niederlande, Belgien, die skandinavischen Länder, Großbritannien, Spanien, Schweiz).

Tötung auf Verlangen, Bitten oder mit Einwilligung des Betroffenen war in allen Ländern ein Straftatbestand, für den jedoch strafmildernde Umstände anerkannt werden. Seit 2002 lassen jedoch die Niederlande und Belgien die aktive Sterbehilfe durch einen Arzt bei Volljährigen, mit Ein-

---

[133] Hierzu im Einzelnen Albin Eser / Hans-Georg Koch

schränkungen auch bei Jugendlichen, unter bestimmen Voraussetzungen gesetzlich zu.[134] Zwei Mediziner müssen demzufolge zuvor zu der Einschätzung kommen, dass der Zustand des um Tötung Nachsuchenden aussichtslos und sein Leiden unerträglich ist. Der Todeswunsch muss freiwillig und nach reiflicher Überlegung zustande gekommen sein. Der Patient muss umfassend aufgeklärt und informiert worden sein und es darf keine medizinische Alternative zur Tötung gegeben. Beide Länder lassen Patientenverfügungen als Willenserklärungen gelten. Anders als wohl in den Niederlanden, können in Belgien auch psychische Erkrankungen Ausgangspunkt für ärztliche Sterbehilfe sein. Alle diese Regelungen dürfen nur auf Menschen angewandt werden, die ihren Wohnsitz in den Niederlanden bzw. in Belgien haben.

Die sogenannte passive Sterbehilfe, bei der es im Wesentlichen darum geht, lebens- und leidensverlängernde Behandlungen zu unterlassen oder abzubrechen, wird in allen Ländern akzeptiert, wobei es teilweise auf den ausdrücklichen Willen des Patienten ankommt (Frankreich, Spanien). Die Niederlande und Norwegen stellen diese Frage im Zweifelsfall in die Verantwortung des behandelnden Arztes. Österreich hat hier noch einen besonderen Akzent gesetzt, indem es gesetzlich festgeschrieben hat, dass sich sogar selbst straf-

---

[134] hierzu des Näheren Goerlitzer, Regeln zur Lebensbeendigung „auf Wunsch" in Niederlanden, Belgien und Dänemark, 2002, siehe www.goerlitzer.homepage.t-online.de/euthvor.htm,

bar macht, wer einen anderen gegen dessen Willen einer Heilbehandlung unterwirft.

Weitgehend toleriert wird auch die sogenannte indirekte aktive Sterbehilfe, bei der im Interesse der Schmerz- und Leidensminderung Schwerkranker in Kauf genommen wird, dass durch die erforderlichen Medikamente eine Lebensverkürzung eintritt. Durchweg unter Strafe fällt dagegen, wie schon die Tötung auf Verlangen, ein gezielter lebensbeendender Eingriff, um einen Patienten von seinen Leiden zu erlösen. Auch hier können aber in einigen Ländern (Schweiz, Belgien) die besonderen Umstände strafmildernd berücksichtigt werden. In den Niederlanden und in Belgien werden derartige Vorkommnisse, soweit unter ärztlicher Kontrolle vorgenommen, von der Staatsanwaltschaft nur selten aufgegriffen.

Suizide und Suizidversuche sind in allen in die Betrachtung einbezogenen Ländern entweder kein Straftatbestand oder sie sind straflos gestellt. Sehr unterschiedlich sind demgegenüber die Regelungen für eine Beteiligung anderer an einem Suizid. Sowohl Anstiftung als auch Beihilfe sind strafbar in den Niederlanden, Österreich, Dänemark, Großbritannien, Italien und Spanien; weiterhin in der Schweiz, dort allerdings nur, wenn sie aus selbstsüchtigen Beweggründen erfolgt. In Norwegen entfällt die Strafbarkeit der Teilnahme am Suizid, wenn er fehlgeschlagen ist und keine schweren Körperverletzungen zur Folge hatte. Frankreich beschränkt die Strafbarkeit einer Mitwirkung am Suizid auf den Fall der Anstiftung.

In allen in die Betrachtung einbezogenen Ländern mit Ausnahme der Niederlande, Schwedens und Großbritanniens, gibt es eine gesetzliche Pflicht, hilflos gewordenen Suizidenten Hilfe zu leisten, mit der Rechtsfolge, dass eine unterlassene Hilfeleistung grundsätzlich strafbar ist. In der Schweiz wird dieser Straftatbestand in der Folge einer Beihilfe zum Suizid durch einen Arzt indessen nicht verfolgt, wenn – den Richtlinien der Schweizer Akademie der medizinischen Wissenschaften aus dem Jahr 2004 folgend – die nachstehenden Voraussetzungen erfüllt sind: Es muss eine Erkrankung vorliegen, die die Annahme rechtfertigt, dass das Ende des Patienten nahe ist. Es müssen alternative Möglichkeiten der Hilfestellung mit dem Patienten erörtert und, soweit von ihm gewünscht, auch eingesetzt worden sein. Der Patient muss urteilsfähig sein, sein Wunsch zu sterben muss wohlerwogen, ohne äußeren Druck entstanden und dauerhaft sein – Feststellungen, die von einem Dritten überprüft worden sein müssen, der indessen kein Arzt zu sein braucht. Bemerkenswert in diesem Zusammenhang ist, dass die mit 50.000 Mitgliedern älteste Schweizer Sterbehilfeorganisation, Exit, nach einigem Schwanken seit 2004 wieder auch psychisch Kranke für nicht von vornherein entscheidungsunfähig in dieser Frage hält. Sie macht weiterhin ihre Hilfe nicht von Krankheiten abhängig, die in absehbarer Zeit zum Tode führen. Entscheidend ist, dass den Betroffenen „die Summe der Leiden, Schmerzen und Gebrechen so zusetzt, dass sie – im strikten Sinne des Wortes – lebensmüde sind“[135]. Schließ-

---

[135] www.exit.ch/Rubriken: Freitodbegleitung und Leitbild

lich muss der letzte Akt der zum Tode führenden Handlung in jedem Fall vom Patienten selbst ausgeführt werden.[136]

---

[136] zitiert nach Schobert, Sterbehilfe – Hilfe zum Sterben[?], Vortrag anlässlich der 14. Arnoldshainer Hospiztage 13.–15. 02. 2004

5. Perspektiven einer Änderung der bestehenden Lage

Unsere Rechtsordnung umgibt das Leben mit einem massiven Schutzwall, der es vor Zugriffen bewahren soll. Ganz lückenlos ist dieser Wall indessen nicht. Er weist einige Aussparungen auf, die heute mehrheitlich als menschengemäß und hinreichend gemeinverträglich angesehen werden. Vor dem Hintergrund des zuvor Dargestellten ist im Folgenden zu fragen, ob diese Aussparungen tunlichst unverändert bleiben sollten oder ob sie eine weitere Öffnung vertragen, welche Probleme dies im Gefolge haben könnte und welche Konsequenzen gegebenenfalls daraus zu ziehen sind.

Eine erste Aussparung im Schutzdeich um das Leben besteht – und dies von alters her – darin, dass der Staat als Hüter des Gemeinwesens den Einsatz des Lebens seiner Bürger bis zu deren Tod hin fordern darf, wenn es gilt, dieses Gemeinwesen gegen äußere kriegerische Angriffe zu schützen. Dies findet seine Begründung darin, dass eine Gesellschaft, die nicht bereit ist, sich selbst zu verteidigen, sich fremden Mächten ausliefert und ihren Bürgern nicht den von ihr garantierten Schutz bieten kann. Zwar hat der Einzelne das verfassungsmäßig verbürgten Recht, aus Gewissensgründen den Kriegsdienst mit der Waffe zu verweigern (Art. 4 Abs. 3 GG). Das ändert im Prinzip aber nichts daran, dass der Staat unter bestimmten Voraussetzungen den Einsatz des Lebens seiner Bürger einfordern kann. Aus Sicht des Gemeinwesens ist das Leben also der Güter höchstes nicht!

Eine weitere Aussparung im Schutzdeich um das Leben ist das – wenn auch erkennbar widerstrebende Zugeständnis – unserer Rechtsordnung gegenüber dem Einzelnen, über sein eigenes Leben verfügen zu können, wenn und solange er seiner Sinne mächtig ist. Sofern er sich selbst das Leben nimmt, hat dieses Zugeständnis eher den Charakter einer Hinnahme, weil mit einer vollendeten Selbsttötung der Lebensschutz seine Grundlage verliert, im Falle einer missglückten Selbsttötung die Wiedereinbindung des aus dem Leben Strebenden in die Gemeinschaft im Vordergrund steht. Doch schon im Falle eines noch nicht vollendeten oder fehlgeschlagenen Selbsttötungsversuches sieht der Staat Anlass zum Eingreifen und verpflichtet seine Bürger zur lebensrettenden Hilfeleistung. Das führt – wie andernorts dargelegt – in Fällen der straflosen Anstiftung und Beihilfe zur Selbsttötung zu Ungereimtheiten, die es nahe legen, die bestehenden Rettungspflichten zu überdenken, dabei aber zugleich zu prüfen, welche Risiken es im Gefolge hätte, wenn man einem Selbsttötungsversuch, der noch nicht zum Tode geführt hat, freien Lauf ließe, jedenfalls dann, wenn keine Gründe dagegen sprechen, dass die Tat bewusst und gewollt begangen wurde.

Weitestgehender Konsens besteht weiterhin darüber, dass ein selbstbestimmungsfähiger Mensch darüber entscheiden kann, ob er sich einer zur Erhaltung seines Lebens oder seiner Gesundheit gebotenen medizinischen Behandlung unterzieht oder nicht, dass er folglich auch an einem Abbruch solcher Maßnahmen nicht gehindert werden kann. Auseinander gehen dagegen noch die Meinungen, inwieweit solche Entscheidungen auch vorsorglich für Fälle wirksam getroffen werden können, in denen der Betroffene nicht mehr selbstbestimmungsfähig ist, oder ob solche Entscheidungen mit Blick auf eine nicht hinreichende Absehbarkeit der Verhältnisse immer nur *ad hoc* getroffen werden können.

Ärzten wird zugebilligt, das Leiden unumkehrbar Todkranker um den Preis zu lindern, dass die dafür notwendigerweise einzusetzenden Mittel die verbleibende Lebenszeit verkürzen könnten. Muss indessen solche ärztliche Hilfe wie bisher auf ein nahe bevorstehendes Ende von Patienten begrenzt bleiben oder ist es rechtlich vertretbar, solche Hilfen auch Patienten zuzugestehen, die sich in einem zwar nicht lebensbedrohlichen, aber dauerhaft hoffnungslosen, kaum Besserung versprechenden Zustand befinden und deshalb jede Maßnahme, die sie dem Tode rascher näher bringen könnte, als erlösende Linderung empfinden?

Und schließlich: Wenn schon die Selbsttötung toleriert wird und Anstiftung und Beihilfe hierbei straffrei bleiben, ist es dann nicht vertretbar, den zum Tode Entschlossenen den Zugang zu Mitteln zu erleichtern, mit deren Hilfe sie ihr Ende in einer für sie selbst und die Mitmenschen einigermaßen erträglichen Weise bewerkstelligen können oder ist es zwingend geboten, Sterbewillige, vielleicht mit dem Ziel, sie von ihrem Vorhaben abzubringen, auf zumeist sehr brutale oder unsichere Todesarten zu verweisen?

5.1. Ansätze für eine Änderung der bestehenden Lage

Ansätze für eine Änderung der bestehenden Lage lassen sich sowohl im faktischen als auch im normativen Bereich ausmachen. Erstere zeigen sich im Wandel der Auffassungen, die die Menschen gegenüber dem Wunsch nach einem selbstbestimmten Sterben an den Tag legen, letztere in den rechtlichen Normen, in denen sie ihren Niederschlag gefunden haben, wobei beide Bereiche einander beeinflussen.

Wandel der öffentlichen Meinung

Erinnern wir uns noch einmal, wie sich mit den Umständen, unter denen sich heute für einen großen Teil der Menschen Sterben und Tod vollziehen auch die damit verbundenen Anschauungen verändert haben: In dem Maße, wie das Sterben aus dem engeren Kreis der Angehörigen in externe Betreuungseinrichtungen verlagert worden ist, ist es über die Medien in den Gesichtskreis der Menschen zurückgekehrt. Kaum eine Woche vergeht, in der die Öffentlichkeit nicht von Fernsehen oder Zeitungen mit anrührenden und erschütternden Schicksalen von Menschen konfrontiert wird, die, von schweren Leiden oder altersbedingtem, körperlichem oder geistigem Verfall gezeichnet, nur noch dahinzuvegetieren scheinen, kaum, oftmals gar nicht mehr ihrer körperlichen oder geistigen Funktionen mächtig.[137] Was

[137] Pars pro toto: „Lasst uns sterben", Stern Nr. 48 v. 23.11.2006, S. 28 ff.

sich früher zwar hautnäher, aber im Stillen und hinter geschlossenen Türen vollzog, ist heute in einer die Menschen aufschreckenden und beunruhigenden Weise öffentlich geworden. Mehr Menschen als je zuvor haben mittlerweile auf diese Weise zu Gesicht bekommen, wie bestürzend der sogenannte normale, natürliche Tod und die letzte Wegstrecke bis dorthin sein können. Viele mögen versuchen, diese Bilder zu verdrängen, was desto leichter ist, je mehr Zeit den einzelnen Menschen noch von seinem Ende zu trennen scheint. Aber irgendwann holen diese Bilder und Berichte die meisten ein als ein Schreckensbild, das auch mit dem eigenen Schicksal zu tun haben könnte. Eine Auswirkung dessen mag sein, dass den andernorts bereits referierten demoskopischen Umfrageergebnissen zufolge[138] mittlerweile über alle Generationen hinweg die deutlich überwiegende Zahl der Befragten sich für Wege und Möglichkeiten ausspricht, ein vorzeitiges Ende schwerster Leiden herbeizuführen. Bemerkenswert, aber möglicherweise durch die Fragestellungen bedingt, steht hierbei die Hoffnung oder der Wunsch auf sachkundige, fremde Hilfe, vor allem durch die den Leidens- und Sterbeprozess begleitenden Ärzte im Vordergrund. Ob dies den Kern einer möglichen Lösung darstellen kann, wird in anderem Zusammenhang noch genauer zu erörtern sein.

---

[138] s.o. 4.2. (Die öffentliche Meinung)

Persönliche Grundrechte der Verfassung

In einem untrennbaren Zusammenhang mit der öffentlichen Meinung steht das geltende Recht. Es ist einerseits Ausdruck der herrschenden Auffassungen unter den Menschen, für die es gilt; andererseits verleiht es diesen Auffassungen Bestand, innere Ausformung und Durchsetzungskraft: Eine markante öffentliche Auffassung setzt einen ersten gesetzgeberischen Impuls. In der Folge wird danach verfahren, wobei sich diese Auffassung immer deutlicher ausprägt und sich, Muster bildend, in die gesellschaftlichen Bewertungs- und Verhaltensweisen eingräbt. Dieser Prozess lässt sich mit einem schönen Bild veranschaulichen, das de Bono[139] gebraucht hat: „Regen fällt auf eine unberührte Landschaft. Mit der Zeit bilden sich Bäche und Flüsse als Folge des Zusammenspiels von Regen und Landschaft. Jeder neuerliche Regenguss folgt diesen Mustern."

Die grundlegenden Rechtsnormen einer Gesellschaft finden sich in der Verfassung. Die für unser Land und den hier in Rede stehenden Zusammenhang entscheidenden Normen sind die Unantastbarkeit der Würde des Menschen und das Grundrecht auf freie Entfaltung der Persönlichkeit.

Die Unantastbarkeit der Würde des Menschen ist in Art. 1 des Grundgesetzes für die Bundesrepublik Deutschland festgeschrieben. Sie bildet den höchsten Rechtswert, der den Angelpunkt für das rechtliche Wertesystems darstellt und ausdrücklich jeder gesetzgeberischen Abänderung entzogen

---

[139] de Bono, S. 90

ist.[140] Der Begriff der Menschenwürde ist indessen ein, wie der Jurist es nennt, unbestimmter Rechtsbegriff, d.h., er erklärt sich nicht eindeutig und abschließend aus sich selbst, sondern kann immer nur in Ansehung konkreter Fälle bestimmt werden. In ihm schlagen sich zum einen geistesgeschichtliche Traditionen nieder, zum anderen nimmt er immer wieder neue Strömungen auf, ist also wandlungsfähig.[141]

In der inhaltlichen Ausformung, die der Begriff bis in die Gegenwart erfahren hat, schützt der Verfassungsgrundsatz die Würde des Menschen, wie dieser sich in seiner Individualität selbst begreift und sich seiner selbst bewusst wird.[142] In der Regel kommt es dabei entscheidend darauf an, was der Betroffene empfindet.[143] Für den Gegenstand dieser Abhandlung ist weiterhin besonders wichtig, dass sich eine Ausweitung des Schutzes der Menschenwürde auf einen Schutz des Trägers vor sich selbst verbietet. Dies würde dem Schutzzweck, die freie Entscheidung über die eigene Person zu ermöglichen, durchkreuzen, und der Bedeutung der eigenen Empfindungen des Betroffenen für den Inhalt der Menschenwürde nicht gerecht werden.[144] Die Menschenwürde schützt den Menschen also auch davor, zum Objekt der Menschenwürdedefinition eines anderen zu werden.[145]

---

140 Vgl. Art. 79 Abs. 3 GG

141 Seifert / Hömig Art. 1, Rdn. 19

142 Seifert / Hömig Art. 1, Rdn. 1 mit weiteren Nachweisen

143 a.a.O., Art. 1, Rdn. 4

144 a.a.O.

145 Hufen, NJW 2001/851

Wenn es auch nach der begrifflichen Logik der Unantastbarkeit der Menschenwürde an sich keine Schranken für dieses Schutzrecht geben kann, ergeben sich doch faktisch gewachsene Festlegungen aus den schon genannten geistesgeschichtlichen Traditionen, auf denen die gesamte Verfassung aufsetzt und die auf die einzelnen Schutzrechte ausstrahlen.

Zu den geistesgeschichtlich tradierten Wertfundamenten gehört – wie in anderem Zusammenhang bereits dargestellt – ein aus göttlichen Geboten abgeleiteter Lebensschutz. Diese Ableitung verbietet sich indessen für das geltende Recht, nachdem die Verfassung die Freiheit des Glaubens und die Freiheit des religiösen und weltanschaulichen Bekenntnisses für unverletzlich erklärt hat (Art. 4 Abs. 1 GG). Wer an kein göttliches Gebot zur Lebenserhaltung glaubt, kann durch das Recht auf einen solchermaßen begründeten Lebensschutz nicht verpflichtet werden. Ähnliches gilt für die Begründung der Lebensbewahrung als ein Gebot der Natur oder als moralischen Selbstanspruch. Erstere ist eine quasi-religiöse Begründung, letztere stößt sich an der Unantastbarkeit der Menschenwürde in der soeben skizzierten Auslegung sowie am Grundrecht der Unverletzlichkeit der Glaubens- und Gewissensfreiheit (Art. 4 Abs. 1 GG), die dem Einzelnen zusichert, sich seinen eigenen Überzeugungen und Wertvorstellungen gemäß verhalten zu können, solange er damit gleiche Rechte Dritter nicht verletzt.

Damit bleibt von den geistesgeschichtlich tradierten Wertfundamenten nur die Lebensbewahrung als Pflicht gegenüber der Gesellschaft. Sie hat sich in der Verfassung in einem

Bild vom Menschen niedergeschlagen, das ihn nicht allein als selbstherrliches Individuum, sondern als eine in der Gemeinschaft stehende, ihr vielfältig verpflichtete Persönlichkeit begreift. Allerdings erlauben auch überwiegende Interessen der Allgemeinheit nach geltender Rechtsauffassung keinen Eingriff in den Kernbereich privater Lebensgestaltung. Insoweit besteht kein Raum für Interessenabwägungen.[146] Offen bleibt allerdings die Frage, was zum undisponiblen Kernbereich privater Lebensgestaltung gehört und wie er im Einzelnen gegenüber den Interessen der Allgemeinheit abgrenzbar ist.

Seine verfassungsmäßige Konkretisierung erfährt der zur Würde des Menschen gehörende Kernbereich privater Lebensgestaltung zunächst durch Artikel 2 Abs. 1 des Grundgesetzes. Er sichert jedem das Recht auf freie Entfaltung seiner Persönlichkeit zu, soweit er nicht die Rechte anderer verletzt und nicht gegen die verfassungsmäßige Ordnung oder das Sittengesetz verstößt.

In der Auslegung dieser Bestimmung ist heute anerkannt, dass das Recht auf Selbstbestimmung auch ein Recht zur Selbstgefährdung bis hin zur Selbstaufgabe enthält. So kann ein Mensch beispielsweise von Gesetzes wegen nicht an lebensgefährlichen Abenteuern gehindert werden und er hat ein Recht, lebensverlängernde und gesundheitserhaltende Maßnahmen abzulehnen.[147] Letzteres müsste folgerichtig

---

[146] a.a.O. Art. 1, Rdn. 4 und 6 mit weiteren verfassungsgerichtlichen Nachweisen

[147] Hufen, a.a.O. S. 851 mit weiteren Nachweisen

auch für eine Festlegung im Vorhinein für den Fall einer später nicht mehr bestehenden Erklärungsfähigkeit gelten, etwa durch eine Patientenverfügung. Und wenn dem Einzelnen eine Selbstgefährdung bis hin zur Selbstaufgabe zugebilligt wird, beinhaltet dies konsequenterweise auch ein Verfügungsrecht über das eigene Leben.[148]

Hieran, insbesondere an der zuletzt genannten Konsequenz, scheiden sich die Geister. Ihre Gegner machen unter Hinweis auf die verfassungsmäßigen Einschränkungen von Art 2. Abs. 1 GG geltend: Weil der Mensch nicht nur isoliertes Individuum sei, müsse er als Glied der Gemeinschaft Schranken seiner Selbstbestimmung hinnehmen. Selbstgefährdung und Selbstaufgabe könnten dann – allerdings nur dann – verhindert werden, wenn Rechtsgüter der Allgemeinheit oder Rechte Dritter betroffen seien. Zu diesen Rechtsgütern zähle auch die Schutzpflicht des Staates für das Leben und die Achtung des Lebens als Wert der Gemeinschaft. Als Folge dieser Auffassung werden Selbstgefährdung und Selbsttötung als solche zwar hingenommen, einer Beteiligung Dritter hieran aber enge Grenzen gesetzt. Aus diesem Grund seien beispielsweise das Verbot aktiver Sterbehilfe und das Gebot der Notfallbehandlung eines Selbstmordpatienten verfassungsrechtlich gerechtfertigt.[149]

---

[148] Hufen, a.a.O.

[149] Hufen, a.a.O. S. 855 mit Verweisen auf verfassungsgerichtliche Rechtsprechung und einschlägige Literatur

Zwingend an dieser Interpretation erscheint mit Blick auf die Fragen der Selbstgefährdung und Selbsttötung die Rücksichtnahme auf die Rechte Dritter. Es würde deren Selbstbestimmungsrecht verletzen, wenn sie gegen ihren Willen und ihr eigenes Selbstverständnis vom Leben sich durch eigenes Tun daran beteiligen sollten, jemandem zum Tode zu verhelfen.

Zu fragen bleibt demgegenüber, woraus die Schutzpflicht des Staates für das Leben und die Achtung des Lebens als Wert der Gemeinschaft abgeleitet werden könnte. Der einzige verfassungsmäßige Hinweis darauf findet sich im Grundrecht auf Leben und körperliche Unversehrtheit (Art. 2 Abs. 2 GG). Er beinhaltet aber nur ein Schutzrecht des Einzelnen vor einer Bedrohung durch andere, vornehmlich den Staat, mittelbar aber auch andere Bürger. Ein Schutz des Lebens vor einem Zugriff des Rechtsträgers selbst ist aus ihm nicht herauszulesen. Damit bleibt als Grundlage für den Schutz des Lebens als Gemeinschaftswert nur das die Freiheitsrechte des Einzelnen einschränkende Sittengesetz.

Der Begriff des Sittengesetzes ist der Ethik Immanuel Kants entlehnt und hat in der Folgezeit auch das Rechtsdenken in unserem Lande stark beeinflusst. Es hat seinen prägnanten Ausdruck im sogenannten kategorischen Imperativ gefunden und lautet in einer dem heutigen Sprachgebrauch näher kommenden Fassung: Verhalte Dich so, dass die handlungsleitenden Regeln für Dein persönliches Tun und Lassen zugleich ein für alle geltendes Gesetz sein könnten.[150] Die

---

[150] vgl. Kant, S. 51

von Kant hieraus in mehreren Beispielen[151] gezogene Schlussfolgerung lässt sich, ins Negative gewendet, mit der etwas profanen Volksweisheit ausdrücken: „Was Du nicht willst, das man Dir tu', das füg' auch keinem anderen zu!" Einem so gefassten Sittengesetz lassen sich offenkundig keine konkreten Werte für ein richtiges oder falsches Handeln im konkreten Einzelfall entnehmen. Es beschränkt sich vielmehr auf eine orientierende Verfahrensweise, mit der man prüfen kann und soll, welche Konsequenzen ein persönliches Handeln hätte, wenn es sich alle anderen Menschen auch zu eigen machen könnten und ob dies zu Ergebnissen führen würde, die – mit Kant gesprochen – der Vernunft genügen; heute würde man stattdessen von Ergebnissen sprechen, die der, der sie mit seinem persönlichen Handeln hervorbringt auch dann noch, und zwar nicht nur in seiner konkreten, sondern in allen denkbaren Lebenssituationen gutheißen

---

[151] Kant, a.a.O. S. 52: Eines dieser Beispiele, das erste, ist interessanterweise der Selbsttötungsproblematik gewidmet. In ihm wird durchgespielt, wie im Lichte des Sittengesetzes eine Prüfung der Frage zu erfolgen habe, ob einer, der Überdruss an seinem Leben empfindet, weil eine Reihe von Übeln bis zur Hoffnungslosigkeit angewachsen sind, sich vorzeitig das Leben nehmen dürfe. Die Maxime dessen, der dies tun wolle laute: Aus Liebe zu mir selbst verkürze ich mein Leben, wenn es mir künftig mehr Übel als Annehmlichkeiten verspricht. Dies, meint Kant, könne aber deshalb nicht als allgemeines Gesetz gelten, weil die Selbstliebe – wir würden heute sagen: der Selbsterhaltungstrieb – die Bestimmung habe, zur Beförderung des Lebens anzutreiben. Ein sich selbst zerstörender Selbsterhaltungstrieb sei aber in sich widersprüchlich und könne deshalb unmöglich allgemeine Gesetzmäßigkeit beanspruchen: Eine formalistische Argumentation, die aus heutiger Sicht alles andere als zwingend erscheint.

könnte, wenn seine Mitmenschen sich in gleicher Weise ihm gegenüber verhielten.

Da das Sittengesetz selbst über ein wertorientiertes Prozedere hinaus keine situationsbezogen-konkreten Wertvorgaben für das Handeln macht, bleibt Raum, der entweder durch wertegeleitete Entscheidungen des Einzelnen ausgefüllt werden muss, der aber auch, gewissermaßen als unter dem Primat des Sittengesetzes stehender Konsens von Einzelindividuen, in gesellschaftlichen Anschauungen seinen Niederschlag finden kann, die dann die Grundlage für gesetzliche Normen bilden. Hierbei zeigt sich dann allerdings, dass das wertorientierte Prozedere des Sittengesetzes keineswegs – wie Kant dies noch, im Banne des Vernunftprinzips stehend, angenommen haben mag – zwingend zu eindeutigen Wertpräferenzen führt. Es kommt vielmehr aufgrund unterschiedlicher Weisen, in denen der Mensch die Welt sehen und deuten kann, zu durchaus verschiedenen Ergebnissen, die, jedes für sich genommen, in sich durchaus stimmig sein können. So sind es letztlich wieder Weltanschauungen, die für die Auslegung des Sittengesetzes im Sinne der Verfassung maßgeblich sind.

Die augenblickliche, faktisch noch immer stark von einem christlichen Menschenbild geprägte Auslegung begegnet der Selbstgefährdung und mehr noch der Selbstaufgabe von Menschen mit großer Skepsis. Aber die Verfassung erlegt sich selbst – wir sagten es schon – weltanschauliche Neutralität auf. Die gegenwärtige Interpretation der Verfassungsbestimmungen kann deshalb nicht für sich in Anspruch nehmen, die einzig mögliche zu sein. Sie muss demzufolge den Gesetzgeber nicht daran hindern, Regelungen zu entwickeln, die es einem mündigen und einwilligungsfähigen Menschen ermöglichen oder erleichtern, aus dem Leben zu scheiden.[152] Zu prüfen bleibt dann, ob solche Regelungen den Anforderungen standhalten, die das Sittengesetz, so wie wir hier versucht haben, es zu umreißen, gebietet. Dies soll, soweit es eben geht, in einem späteren Zusammenhang geschehen.[153]

Durch Art. 2 Abs. 2 garantiert die Verfassung jedermann das Recht auf Leben und körperliche Unversehrtheit und erklärt die Freiheit der Person für unverletzlich. In diese beiden Rechte darf allerdings aufgrund eines Gesetzes eingegriffen werden.

Aus diesen Grundrechten ist abzuleiten und wird heute auch abgeleitet, dass ein einwilligungsfähiger Patient „grundsätzlich über die Art und die Schwerpunkte seines Lebens- und Gesundheitsschutzes verfügen kann. Insbesondere kann er den reinen Lebensschutz zu Gunsten des gleichfalls in Art. 2, Abs. 2 als Ausdruck körperlicher Unversehrtheit geschützten Rechts auf Leidensfreiheit zurückstellen und eine entsprechende Behandlung durch den Arzt – bis hin zur passiven und indirekten Sterbehilfe – verlangen. … Der im Rahmen des Grundrechts auf körperliche Unversehrtheit bestehende Anspruch auf Freiheit von Leid und Schutz vor Schmerzen hindert den Staat daran, durch Gesetz und Rechtsprechung den Schutz der biologischen Existenz so weit zu treiben, dass buchstäblich unwürdiges

---

[152] vgl., wenn auch nicht ganz so weit gehend, Hufen, a.a.O. S. 855

[153] s.u. 5.3. (Schwierige Ambivalenzen) und 6. (Ausharren oder gehen?)

menschliches Leiden verlängert wird“[154]. Dies ist mittlerweile weitestgehend akzeptiert.

Eine weitere Unterstützung der Entscheidungsfreiheit und Willensautonomie in Grenzsituationen ihres Lebens erfahren Menschen, die ihrem Leben ein Ende setzen wollen, durch Artikel 8 der Europäischen Menschenrechtskonvention (EMRK). In der einschlägigen Kommentierung dieses Artikels heißt es: „Persönliche Freiheit und Willensautonomie sind Ausfluß des jedem Menschen zustehenden Persönlichkeits- und Selbstbestimmungsrechtes. Beschränkungen stellen daher Eingriffe in das in Artikel 8 EMRK geschützte Privatleben dar. Zu dieser Willens- und Entscheidungsautonomie gehört auch die Möglichkeit, gegenüber sich selbst – nicht aber gegenüber Dritten – auf das eigene Leben zu verzichten, solange man in der Lage ist, darüber verantwortlich zu urteilen und danach zu handeln. Einer solchen Möglichkeit steht das Recht auf Leben gemäß Artikel 2 EMRK nicht entgegen. Denn dieses verpflichtet den Staat nur, das Leben des Einzelnen nicht zu gefährden, es positiv zu garantieren und vor Eingriffen seitens Dritter zu schützen. Es verpflichtet den Staat hingegen nicht dazu, den Träger des Rechts auf Leben vor sich selbst zu schützen, wenn dieser auf die Ausübung dieses Rechts verzichten will. Das Recht auf Leben begründet auch keine ‚Weiterlebenspflicht‘ zu Lasten Einzelner. Mit seinem aus dem Persönlichkeitsrecht ableitbaren Entscheid über den Zeitpunkt seines Todes bestimmt der Betroffene vielmehr gleichsam

[154] Hufen, a.a.O. S. 852

selbst, wann und wie er sein Recht auf Leben ausüben möchte. Der Entscheid einer verantwortlich urteilenden und handelnden Person zur Selbsttötung in Ausübung ihres Persönlichkeits- und Selbstbestimmungsrechts ist somit zu respektieren."[155]

Artikel 1 Abs. 2 des Grundgesetzes bekennt sich zwar zu den unverletzlichen und unveräußerlichen Menschenrechten als Grundlage jeder menschlichen Gemeinschaft. Daraus folgt nach bisher herrschender Auslegung des Grundgesetzes jedoch noch nicht, dass die EMRK Verfassungsrang hätte. Sie gilt aber immerhin als einfaches Bundesrecht.[156]

5.2. Hürden für eine Änderung der bestehenden Lage

Wir haben gesehen: Unsere Gesellschaft nimmt Selbsttötungen zwar hin, ohne sie deshalb aber schon zu akzeptieren, geschweige denn, sie gutzuheißen. Und sie zieht dem Bestreben des Einzelnen, aus dem Leben zu scheiden, sehr eng gezogene Grenzen. Damit errichtet sie Hindernisse, denen sich diejenigen gegenübersehen, die Auswege aus einem Leben suchen, das für sie unerträglich geworden ist oder zu werden droht. Im Bereich der Verfassung sind solche Hürden bereits sichtbar geworden, die in einzelnen Facetten hier noch einmal aufgenommen werden müssen.

---

[155] Internationaler Kommentar zur EMRK Art 8 EMRK 1992, S. 102

[156] Seifert / Hömig, Art. 1, Rdn. 18

Daneben, zum Teil daraus resultierend, gibt es weitere, mehr praktische Hindernisse.

Wertebindung im Lichte demokratischer Mehrheitsbildung

Da die Verfassung dem Recht auf freie Entfaltung der Persönlichkeit mit der Einhaltung des Sittengesetzes einen Rahmen setzt, aus dem Sittengesetz selbst aber nicht unmittelbar entnommen werden kann, welche Akte freier Persönlichkeitsentfaltung ihm im einzelnen gerecht werden oder ihm widersprechen, müssen diese erst situationsbedingt ermittelt werden. Soweit diese Akte allein Sache des Einzelnen bleiben, besteht nach heutigem Verständnis für das Gemeinwesen kein Anlass, sich in dessen Wertentscheidungen einzumischen. Allerdings gibt es bei genauem Hinsehen nur ganz wenige Akte freier Persönlichkeitsentfaltung, die nicht in irgendeiner Weise auch das Leben von Mitmenschen berühren oder gar in Mitleidenschaft ziehen. Insoweit ist dann die Gemeinschaft der Mitmenschen, der Staat gefordert, zu konkretisieren, was im Sinne des Sittengesetzes geboten oder verboten erscheint. In unserer Gesellschaft fällt diese Aufgabe dem Gesetzgeber zu und auf der Grundlage von dessen Wertentscheidungen den Gerichten.

Auch wenn die Verfassung sich weltanschauliche Neutralität auferlegt, muss sie doch Wertentscheidungen als Richtlinien für das Zusammenleben in einem Gemeinwesen treffen, und diese Wertentscheidungen sind zwangsläufig von den Wertvorstellungen bestimmt, die mehrheitlich in einer demokratisch verfassten Gesellschaft lebendig sind. Das bedeutet: Können religiöse Begründungen für diese Vorstellungen auch keine Verbindlichkeit für sich beanspruchen, bleiben die daraus abgeleiteten Verhaltensnormen doch in Kraft, solange sie von den Bürgern eines Gemeinwesens mehrheitlich als richtig angesehen werden.

Die gesetzgebende Gewalt liegt in den Händen von Parlamenten. Sie setzen sich aus Delegierten zusammen, die von den Bürgern gewählt worden sind. Diese Abgeordneten repräsentieren im Allgemeinen die in der Gesellschaft vorherrschenden gemeinschaftsbezogenen Weltanschauungen und Wertvorstellungen und entwickeln hieraus die gesetzlichen Vorgaben für das Zusammenleben in der Gesellschaft, ohne dabei deren Wertebasis offen legen zu müssen. Gerichte überprüfen sowohl die intendierte Umsetzung dieser Vorgaben durch die Verwaltung als auch deren Einhaltung durch die Bürger – gebotenenfalls auch die Gesetze selbst auf ihre Vereinbarkeit mit den Grundlagen der Verfassung. Da Gesetze im Allgemeinen keine Einzelfälle regeln, erfordern sie Auslegungsbemühungen, in denen sich gleichermaßen die in der Gesellschaft bestehenden und auch von den Richtern verinnerlichten Weltanschauungen unweigerlich mit niederschlagen.

Moderne, liberal-offene Gesellschaften wie die unsere zeichnen sich mittlerweile durch ein sehr heterogenes Gefüge von Weltanschauungen und daraus resultierenden Wertvorstellungen aus. Das schlägt sich naturgemäß in den Ergebnissen der Gesetzgebung und ihrer Auslegung nieder und führt, je nach dem hier zunehmenden, dort abnehmenden Gewicht der konzertierenden Meinungen zu sich wandelnden Regelungen, die zu oftmals nicht ganz in sich stimmigen Kompromissen führen. Hinzu kommt, dass alle neuen Gesetze auf einem mächtigen und sehr komplexen Fundament bereits bestehenden Rechtes aufsetzen, mit dessen Festlegungen sie vereinbar sein müssen, was immer wieder zu Ungereimtheiten führt.

Damit wird zum ersten verständlich, weshalb zu jedem Zeitpunkt die Auffassungen über die aus dem Sittengesetz zu ziehenden Schlussfolgerungen im Hinblick auf die Grenzen des Rechts auf freie Entfaltung der Persönlichkeit auseinandergehen können. Der gegenwärtige politische Streit über die Reichweite der Bindungswirkung von Patientenverfügungen ist hierfür ein anschaulicher Beleg: Während die einen meinen, das Selbstbestimmungsrecht beinhalte auch in diesem Zusammenhang das Recht, eine ärztliche Behandlung zu verweigern oder ihren Abbruch zu erzwingen, wollen andere dies nur in Fällen eines unumkehrbar zum Tode führenden Krankheitsverlaufs gelten lassen. Zum zweiten wird begreiflich, warum das jeweils geltende Recht ein so großes Beharrungsvermögen zeigt und damit den tatsächlichen Anschauungen der Menschen oft nachhinkt, wie es sich gegenwärtig in der Diskrepanz zwischen diesem und den sich in Meinungsumfragen abzeichnenden Bewertungen der Sterbehilfeproblematik zeigt. Und drittens schließlich finden darin die im Hinblick auf die Problematik eines selbstbestimmten Sterbens zum Teil nicht eben stimmigen Regelungen eine Erklärung, wie z.B. die, die Beihilfe zur Selbsttötung zu tolerieren, den Beihelfer aber zu verpflichten, den zum Tode Entschlossenen zu retten, sobald er über seinem Selbsttötungsversuch das Bewusstsein und damit die Tatherrschaft verliert.

Die Selbstbestimmung über das eigene Leben ist und bleibt damit vorerst eine Baustelle der Rechtsgestaltung, auf der widerstreitend miteinander konkurrierende Trassenpläne eine sichere und in sich stimmige Verkehrslenkung beeinträchtigen. Für die involvierten Menschen, seien es die zum Sterben Entschlossenen selbst, seien es vor allem aber Mitmenschen, die den Wunsch des Betreffenden verstehen und helfen wollen, ihm Rechnung zu tragen, bleibt das einschlägige Recht mit schwer abzuschätzenden Unsicherheiten verbunden.

Verengte Sicht der Probleme

Hindernisse für eine Änderung der bestehenden Lage resultieren auch aus einer verengten Sicht auf die Problematik eines frei gewählten Todes. Bisweilen kann man den Eindruck gewinnen, als handele es sich um eine absichtsvolle Verengung durch diejenigen, die einen solchen Weg nicht zulassen möchten.

So wird der Wunsch, aus dem Leben zu scheiden, auf Fälle schwerster Krankheit und die damit vielfach verbundenen Schmerzen fokussiert, vor denen sich die Menschen fürchten. Dies indessen sei doch weitgehend unbegründet, da mit den Mitteln der heute verfügbaren Palliativmedizin niemand mehr unerträgliche Schmerzen erleiden müsse. Auch die Sorge, unter Demenz und der damit verbundenen, oft entwürdigend empfundenen Hilflosigkeit leiden zu müssen, könne man den Menschen doch nehmen, indem man sie in einer Weise sediere, dass sie diese, sie vielleicht quälenden Umstände gar nicht mehr wahrnehmen müssten. Die rechte

Antwort auf Ängste und Verzweiflung, die aus Gefühlen der Einsamkeit und alters- oder krankheitsbedingter Hilflosigkeit hervorgingen, sei Zuwendung, wie sie von verantwortungsbewussten Angehörigen, bei deren Überforderung aber auch von Organisationen wie der Hospizbewegung geleistet werden könnte.

All dies ist richtig – und geht doch vielfach am Kern der Probleme vorbei, die Menschen mit ihrem Leben haben, wenn es in den einen oder anderen kritischen Zustand gerät. Gewiss, physische Schmerzen kann man mit den Mitteln der Palliativmedizin weitgehend beherrschen – wenn die damit konfrontierten Ärzte es denn hinreichend verstehen, mit diesen Mitteln richtig umzugehen. Aber physische Schmerzen sind oft gar nicht der Grund, sich den Tod zu wünschen. Es ist vielmehr die Sinnentleerung des Lebens als Folge einer Erosion von Lebensinteressen und -zielen, die verzweifelte Scham vor der die eigene Selbstachtung verletzenden Peinlichkeit, seine intimsten Bedürfnisse nicht mehr unter Kontrolle zu haben und damit ohne Aussicht auf Änderung auf die Hilfe anderer angewiesen zu sein, die oft noch sehr deutlich wahrgenommene, bedrückende Erfahrung, mit der eigenen Hinfälligkeit das Leben anderer, insbesondere seiner liebsten Angehörigen auszubremsen, die Frustration schließlich darüber, dass vieles im Leben Geschaffene und Erworbene, das anderen Zwecken dienen sollte, nun für die Aufrechterhaltung eines Lebens vergeudet werden soll, das einem selbst nichts als Unannehmlichkeiten bereitet. Hier hilft keine Palliativmedizin. Menschliche Zuwendung mag vorübergehend wohltun, kann aber weder verlorene Interessen und Ziele zurückgeben noch über eine als würdelos empfundene, andere belastende und einengende Hilflosigkeit hinwegtäuschen, noch den Zorn darüber besänftigen, die Früchte eigener Lebensleistung einer als sinnlos empfundenen Herauszögerung des eigenen Todes zu opfern. Mit Hilfe medikamentöser Sedierung kann man all diese Empfindungen weitgehend dämpfen, vielleicht sogar auslöschen. Was aber bleibt dann noch von der Persönlichkeit übrig, die einen Menschen ausmacht?

Eine weitere Blickfeldverengung resultiert aus der Fiktion, würdiges und sanftes Sterben sei nur unter mitmenschlicher Begleitung möglich. Wann und wo immer heute das Sterben von eigener Hand erörtert wird, findet man es in den Kontext einer Begleitung von fachkundigen Dritten gestellt,[157] die den Sterbevorgang nicht nur überwachen, sondern vor allem zunächst eine Entscheidung darüber treffen, ob und unter welchen Bedingungen sie bereit sind, ihre in aller Regel zielführenden, professionellen Hilfsmöglichkeiten zur Verfügung zu stellen.

Das wirft dann zusätzliche Probleme auf, die den Weg zu einem frei gewählten Tod versperren. Zum einen werden Menschen, die einem Sterbewilligen in einer akuten Situation helfen sollen, sich das Leben zu nehmen, in eine schwierige und aus ihrer Sicht vielleicht oft unzumutbare Lage gebracht. Ungeachtet der Frage, wie das jeweils geltende Recht eine solche Beteiligung beurteilt, kann man niemanden

---

[157] So in jüngster Zeit Svenja Flaßpöhler, Mein Wille geschehe – Sterben in Zeiten der Freitodhilfe 2007, Oliver Tomein, Keiner stirbt für sich allein, 2007; Nicola Bardola, Der begleitete Freitod, 2007

zwingen, die Situation eines Sterbewilligen mit dessen Augen zu sehen und seinen moralischen Überzeugungen zu bewerten. Beurteilen sie es aber anders, machen sie sich mit ihrer eigenen Sichtweise der Dinge und ihren Maßstäben zum Richter über eine persönliche Lage, in der sie selbst nicht stecken, die sie selbst nicht ertragen müssen und der sie deshalb kaum gerecht werden können. In dieser Lage sehen sich besonders häufig Ärzte und Psychologen. Aber auch dort, wo erfahrene Sterbehelfer sich in der Regel eher bereitwillig auf die Nöte und Wünsche von Sterbewilligen einstellen, erscheint das persönliche Ethos, aus dem heraus sie das tun, den aufschlussreichen Recherchen von Flaßpöhler zufolge nicht unproblematisch.[158]

Ein weiteres Problem ist, dass mit jeder Einschaltung Dritter in den Prozess eines Lebensmüden, seinem Leben ein Ende zu setzen, zusätzliche Vorkehrungen geboten sein können und Kontrollmöglichkeiten geschaffen werden müssen, damit bestimmte Standards eingehalten und Missbräuche verhindert werden. Dies scheint Gesellschaften, die den Freitod in möglichst engen Grenzen unter Kontrolle halten möchten, nicht unwillkommen zu sein. Sie legen damit eine Schwelle, die die Gefahr schockierender Verzweiflungstaten hemmen hilft. Zugleich verschaffen sie sich Einflussmöglichkeiten auf Sterbewillige, von ihrem Entschluss wieder Abstand zu nehmen und bringen mit alledem ihre Sicht der Dinge zur Geltung. Der Sterbewillige indessen wird gezwungen, seine Entscheidung zu begründen und zu rechtfertigen

[158] Flaßpöhler, S. 70 ff.

gegenüber Dritten, mit denen ihn nichts anderes verbindet als die Hoffnung, durch sie an ein Mittel zu gelangen, das ihm einen sicheren, sanften und Angehörige nicht schockierenden Tod ermöglicht, Mittel, von denen er sich sonst durch eine rigide Gesetzgebung und deren Handhabung abgeschnitten sieht.[159] Und von ihnen muss er sich dann unter Umständen noch sagen lassen, so drängend sei sein Anliegen nicht!

All diesen Problemen kann man entgehen, wenn man die existenzielle Frage über Leben oder Tod grundsätzlich in die Verantwortung des unmittelbar Betroffenen legt und ihm selbst, wenn er es will, bereits unabhängig von einem aktuellen Anlass geeignete Mittel und Methoden hierfür zugänglich macht. Das schließt nicht aus, gleichwohl einen Rahmen zu setzen, der den vitalen Bedürfnissen der Gesellschaft an der Beteiligung des Einzelnen an ihren Gemeinschaftsaufgaben Rechnung trägt. Dazu mehr im nächsten Kapitel.[160]

Unredliche Polemiken

Immer dann, wenn ein Meinungsstreit in letztlich irrationalen Werte- und Glaubensüberzeugungen wurzelt, Überzeugungen also, die sich einer rational abwägenden Argumentation weitgehend entziehen, wächst die Leidenschaftlichkeit, mit der er geführt wird und zugleich die Neigung, zu mehr

---

[159] Hierzu Näheres s.u. 5.2. (Vorenthaltung geeigneter Mittel)

[160] s.u. 6.1. Gesellschaftspolitische Lösungen

oder weniger redlichen Polemiken Zuflucht zu nehmen. Sie sind einer Klärung der Probleme nicht eben dienlich.

In der Debatte um die Erleichterung der Möglichkeiten, freiwillig aus dem Leben zu scheiden, knüpft eine der sich hiergegen richtenden Polemiken an den grauenvollen Entwicklungen an, zu denen der Euthanasiegedanke, die Vorstellung von einem ‚schönen', das irdische Leiden beendenden Tod, in unserem Land in der ersten Hälfte des letzten Jahrhunderts geführt hatte.[161] Ihr warnendes Fazit: principiis obsta – den Anfängen wehren!

So sehr dieser Hinweis beherzigt bleiben muss, verkennt er jedoch den völlig anderen Ausgangspunkt für die heute geführte Diskussion. Stand damals eine Entscheidung von Menschen – Fachleuten oder Institutionen – über den Fortbestand des Lebens anderer zur Diskussion, das von besonderen Leiden und Missbildungen gezeichnet war, und dies ohne Rücksicht auf deren frei geäußerten Willen, geht es heute allein darum, ob und gegebenenfalls wie es einem mündigen und entscheidungsfähigen Menschen ohne äußeren Zwang ermöglicht werden kann, aufgrund einer freien Entscheidung seinem eigenen Leben ein würdiges Ende zu setzen oder wie man ihm dazu verhelfen kann, wenn er diesen freien Willen klar äußert oder geäußert hat, ihn aber aus eigenen Kräften nicht mehr vollziehen kann. Beide Intentionen haben im Kern nichts miteinander zu tun. Sie klar und unbeirrbar voneinander getrennt zu halten, ist die Aufgabe.

---

[161] Siehe hierzu: 4.5. Die Bürde der Geschichte

Sie in gezielter emotionaler Aufladung absichtsvoll zu vermengen, ist unredlich.

Zu den unredlichen Polemiken gehört zum Teil auch die Art und Weise der Auseinandersetzung mit den Verfahrensweisen der Schweizer Sterbebegleitungsorganisation ‚Dignitas', die zunehmend von Deutschen in Anspruch genommen wird, weil sie in ihrem eigenen Land für ihre Nöte keine adäquate Hilfe finden. Es ist nicht verkehrt, dieser Organisation kritisch auf die Finger zu schauen, denn manches Schattenhafte scheint hier mittlerweile tatsächlich einer Aufhellung zu bedürfen! Die Umlegung durchaus nachweisbarer Kosten auf diejenigen, die die Organisation in Anspruch nehmen, mit schlanker Hand und ohne von den näheren Umständen wirklich Kenntnis nehmen zu wollen, als zynische Geschäftemacherei mit dem Tod zu geißeln, ist nicht seriös. Sie zudem als Sterbetourismus abzuqualifizieren, zeugt von einem schnodderigen Umgang mit der Verzweiflung von Menschen, der sich eigentlich selbst richten müsste, wenn es denn noch genug Menschen gibt, die ein wachsames Gespür dafür haben, was in Sprache sich ausdrückt.

Als weiters Beispiel in diesem Zusammenhang verdient die scheinheilige Empörung über den folgenden Fall festgehalten zu werden, an deren Spitze zu treten sich auch die evangelische Landesbischöfin von Niedersachsen nicht zu schade war: ‚Dignitas' waren auf Betreiben von Nachbarn, die sich gestört fühlten, die Räumlichkeiten aufgekündigt worden, in denen begleitete Suizide von zum Tode Entschlossenen in einem annehmbaren Rahmen stattfinden konnten. Daraufhin fand einer der bereits angebahnten assistierten Suizide für zwei Deutsche mit deren vollem Einverständnis in einem

Auto auf einem abgelegenen Parkplatz statt. Sterbehilfe im Auto auf einem öffentlichen Parkplatz: das sei doch nun der Gipfel einer entlarvenden Würdelosigkeit! Wenn das denn so ist: Wo lagen dann aber die Ursachen, dass Menschen und diejenigen, die ihnen beistehen wollten, sich in ihrer Not nicht mehr anders zu helfen wussten? Es sind dies die gleichen restriktiven Rahmenbedingungen, die in unserem Land verzweifelte Menschen zwingen, sich vor den Zug zu werfen oder aus dem Fenster zu stürzen.

Solche Formen des Diskurses behindern die gebotene ernsthafte Auseinandersetzung!

Vorenthaltung geeigneter Mittel

Wer den Tod sucht, steht damit vor der Frage, auf welche Weise er es bewerkstelligen könnte. Viele der in Betracht kommenden Möglichkeiten haben für den zum Sterben Bereiten eine abschreckende Wirkung. Die einen stoßen viele zum Tode Entschlossenen in ihrer Gewalttätigkeit und mit ihren unästhetischen Begleiterscheinungen ab: An einem Seil stranguliert oder nach einem Sturz aus der Höhe mehrerer Stockwerke zerschmettert aufgefunden zu werden, sind Szenarien, die dem Sterben Anstand und Würde nehmen. Ob es Gesichtspunkte sind, die einen wirklich zum Tode Verzweifelten von solchem Tun abhalten können, mag dahinstehen. Sich von diesen Vorstellungen aufgehalten zu sehen, nimmt dem Todeswunsch nicht seinen Ernst. Er bleibt ebenso ernst zu nehmen wie der Wunsch, nicht als ein seines Körpers und seiner Sinne nicht mehr mächtiges, menschliches Wrack vor den Augen seiner Mitmenschen dahinvegetieren zu müssen.

Einem anderen Teil der Mittel, die den Tod herbeiführen könnten, fehlt die nötige Sicherheit. Es sind dies vor allem Gifte. Hat man sie sich verschaffen können, lassen viele von ihnen, in einer sachgerechten Kombination eingenommen, einen Tod erhoffen, von dem man selbst nicht viel mitbekommt. Die Erfahrungen lehren jedoch, dass diese Hoffnung nicht selten trügt: Bei den Giften sind medizinische Laien zumeist auf eine orale Einnahme angewiesen. Deren Aufnahme durch die Verdauungsorgane verläuft oft nicht sicher abschätzbar, weil Gifte mit dem übrigen Organismus eben auch oft den Verdauungsapparat selbst stilllegen, bevor das Gift in ausreichender Menge in den übrigen Körper gelangt ist. Die Folgen sind nicht tödliche, vielmehr weitere, oft schwere Leiden nach sich ziehende Vergiftungen, bestenfalls eine so langsame Wirkung, dass die Gefahr besteht, vorzeitig aufgefunden und ins Leben zurückgeholt zu werden.

Wenn es denn Mittel gibt, die einen sanften und schmerzfreien Tod ermöglichen, dann ist es dem Einzelnen zum einen schwer gemacht, an wirklich verlässliche Informationen heranzukommen. Das Thema ist tabuisiert, offen kann darüber nicht gesprochen werden. Und je geheimnisumwitterter dieses Thema gehalten wird, desto unzuverlässiger und zweifelhafter sind die Antworten, die der Einzelne auf seine Fragen finden kann. Zum anderen hat die staatliche Gesetzgebung bisher dafür gesorgt, dass die meisten Menschen, sofern sie nicht Mediziner, Pharmazeuten oder Chemiker sind, keinen freien Zugang dazu haben. Wer an solche Mittel kommen will, braucht unter den einschlägigen Fachleuten entweder einen Mitverschworenen, der ihm diese Substanzen verschafft, was für den so in Anspruch genommenen zu strafrechtlichen Konsequenzen führen kann, oder er muss den Arzt seines Vertrauens unter Vorspiegelung falscher Tatsachen veranlassen, ihm Mittel, beispielsweise Barbiturate gegen Schlaflosigkeit, zu verschreiben, bis er die für eine Selbsttötung ausreichende Menge beisammen hat – eine Zumutung, die das notwendige Vertrauensverhältnis zwischen Arzt und Patient erschüttert und dem Ernst der damit verbundenen Konsequenzen in keiner Weise gerecht wird.

5.3. Schwierige Ambivalenzen

Bevor man sich daran macht, Hürden niederzulegen, die das Leben als Grundlage der verfassungsrechtlich verbürgten Menschenwürde und der Freiheit der Persönlichkeitsentfaltung bisher schützen, sind – ganz im Sinne der mit Hilfe des Sittengesetzes vorzunehmenden Prüfung – die Konsequenzen in den Blick zu fassen, die solche Eingriffe haben könnten. Könnten wir eines uneingeschränkter als bisher wählbaren Todes froh werden oder welche problematischen Folgen hätten wir dafür in Kauf zu nehmen?

Unsichere Abschätzbarkeit lebenswerter Überlebenschancen

Eine erste problematische Ambivalenz im Hinblick auf ein selbstbestimmtes Lebensende und dessen Unterstützung oder Tolerierung durch Dritte liegt in der oft unsicheren Abschätzbarkeit noch bestehender lebenswerter Überlebenschancen. In kritischen Lebenslagen erscheinen dem davon Betroffenen seine zukünftigen Lebensperspektiven in einem von Hoffnungslosigkeit verdüsterten Licht. Der Verlust körperlicher Fähigkeiten, einer wichtigen Bezugsperson, des bisherigen gesellschaftlichen Ansehens oder der materiellen Lebensgrundlage, anhaltende Schmerzen, bei denen kein Ende abzusehen ist, diagnostizierte Krankheiten, die gewöhnlich ein qualvolles Ende erwarten lassen und manches andere wecken panische Ängste und verschatten den Blick auf die Zukunft. Vielfach fehlt es angesichts schockierender neuer Erfahrungen am Vorstellungsvermögen, wie diese Probleme überwunden oder ihnen doch noch lebenswerte Facetten abgewonnen werden könnten.

Was hier für den Betroffenen einen aus der Situation heraus folgerichtigen Entschluss begründen mag, aus dem Leben zu scheiden, erscheint dem Außenstehenden nicht selten als Kurzschlussreaktion, wenn er mit derartigen Situationen bereits vertraut ist. Sie hat dann den Charakter einer Notlage, die man auch im Interesse des Betroffenen selbst abwenden muss: Unternommene Selbsttötungsversuche, die nicht zum Ziele geführt haben, werden, wie man weiß, von der Mehrzahl der Betreffenden später nicht wiederholt. Sie finden in das Leben zurück und können ihre Tat rückschauend oft nicht mehr recht verstehen. Erlittene Verluste können, wenn der erste Schock einmal überstanden ist, verarbeitet werden und ermöglichen so ein vielfach wieder als sinnvoll empfundenes Leben. Auch hoffnungslos erscheinende medizinische Diagnosen – erfahrene Ärzte erleben das immer wieder – bewahrheiten sich keineswegs immer.

All diese Erfahrungen lassen es nicht abwegig erscheinen, wenn Mitmenschen einem momentan verzweifelten, zum

Sterben entschlossenen Menschen in den Arm fallen und ihn von seinem Vorhaben abzubringen suchen. Es sind dies für den Betroffenen emotionsgeladene Ausnahmezustände und Grenzsituationen, in denen man von Fall zu Fall durchaus zweifeln kann, ob seine Entscheidung zu sterben wohlbegründet ist, d.h., ob er sie auch dann noch so treffen würde, wenn er wüsste, dass und wie sich sein Leben noch zum Besseren wenden könnte. Wer hier indessen in bester Absicht einem Lebensmüden in den Arm fällt, kann ihm damit aber auch ein Weiterleben aufbürden, dessen subjektiv empfundene Grausamkeit er sich selbst nie hätte wünschen mögen!

Selbsttötung und Weiterleben als Zumutung für andere

Erklärt jemand, er wolle sich das Leben nehmen oder tut er es gar, wendet er sich nicht nur von der Welt ab, sondern auch von den Menschen in seiner unmittelbaren Umgebung. Das ist für diese oft in mehrfacher Hinsicht ein Schock. Aus ihrer zumeist lebensbejahenden Sicht und als Ergebnis ihrer sozialen Prägung erleben sie es als einen stummen oder beredten Vorwurf. Voller Bestürzung fragen sie zu allererst sich selbst, ob sie etwas versäumt haben könnten, dass es zu einer solchen Absicht oder zu einem solchen Tun überhaupt kommen konnte, und was sie hätten tun können oder sollen, um es zu verhindern. Waren sie nicht sensibel genug, so dass ihnen die Zeichen entgangen sind, die solchen Ereignissen vorherzugehen pflegen? Haben sie die Not, in der sich der Betreffende befand, nicht wahrgenommen oder achtlos darüber hinweggesehen? Haben sie es an Mitgefühl, Solidarität und tätiger Hilfe fehlen lassen? Ob zu Recht oder zu Unrecht: Die Selbsttötung eines Menschen erzeugt bei seinen Mitmenschen Schuldgefühle – und soweit dies zu Unrecht geschieht, ist das für sie eine Zumutung.

Hinzu kommt, dass sie sich die aufgeworfenen Fragen nicht nur selbst stellen, sie fühlen sich ihnen auch durch Dritte ausgesetzt. Und dies weniger aus Mitgefühl als mit dem unausgesprochenen Vorwurf, hier müsse doch ein irgendwie geartetes Versagen des persönlichen Umfeldes dessen vorliegen, der sich – gleichviel ob mit oder ohne Erfolg – das Leben nehmen wollte. Auch dies ist jedenfalls dann eine Zumutung, wenn es an persönlicher Zuwendung nicht gefehlt hatte.

Eine Zumutung kann für die Hinterbliebenen aber auch und vor allem darin bestehen, dass sie sich selbst von dem aus dem Leben Geschiedenen im Stich gelassen fühlen. In dem Maße, in dem sie ihr eigenes Leben mit dem des aus dem Leben Geschiedenen geteilt, für ihn Opfer gebracht und eine persönliche Lebensaufgabe darin gesehen haben, ist die einseitige und willkürliche Aufkündigung der bisherigen Gemeinschaft eine oftmals als sehr verletzend empfundene Tat.

Schließlich kann es sein, dass sich ein Mensch durch seinen freiwilligen Tod materiellen, rechtlichen oder emotional begründeten Verpflichtungen entzieht, die er übernommen hatte und die weiter zu erfüllen ihm noch nicht gänzlich unmöglich geworden war.

Wie groß Schmerz, Not und Verzweiflung eines Menschen auch sein mögen, der sich das Leben nehmen will: wenn er den Blick für seine Mitmenschen darüber noch nicht ganz und gar verloren hat; wird und muss er nicht schwer an der

Frage tragen, was er ihnen mit seinem Entschluss, aus dem Leben zu scheiden, antut und zumutet? Und könnte, müsste es dann nicht Aufgabe eines Gemeinwesens sein, einem solchen Tun so wenig wie eben möglich Vorschub zu leisten?

Der Wunsch, aus dem Leben zu scheiden kann aber auch zu einer noch größeren Zumutung für andere Menschen werden, wenn der Betreffende sie dafür gewinnen will, ihm bei der Realisierung dieses Wunsches zu helfen. Zwar sind Anstiftung und Beihilfe zur Selbsttötung straffrei, solange der Täter die Tatherrschaft hat. Verliert er sie im Zuge seiner Tat, beispielsweise, indem er die Besinnung verliert, hält die Rechtsordnung die an der Tat Beteiligten zur Rettung verpflichtet. Ein an der Tat Beteiligter kann sich dann strafbar machen, wenn er diese unterlässt. Aber auch unabhängig davon wird es die meisten um Mithilfe bei einer Selbsttötung Gebetenen, auch bei allem Verständnis für die Lage des Täters, große innere Überwindung kosten, der Bitte Folge zu leisten – umso mehr, je näher der Täter ihnen steht. Muss ein Gemeinwesen Mitmenschen nicht vor einem solchen Ansinnen schützen, indem sie die Zumutbarkeitsgrenze auch für den Beihilfe suchenden Lebensmüden möglichst hoch setzt?

Häufig richtet sich die Bitte um Sterbehilfe an den Arzt, der den Lebensmüden behandelt und von dem erhofft, manchmal sogar erwartet wird, dass es doch seine Aufgabe sei, Leiden zu lindern, wozu schlimmstenfalls gehören müsse, von Leiden zu erlösen. Wie in anderem Zusammenhang dargelegt,[162] gehört dies nicht zum beruflichen Selbst-

---

[162] s.o. 4.4. (Die Standesüberzeugungen der Ärzte)

verständnis von Ärzten. Ihre Aufgabe ist es, wo es geht, zu heilen, wo dies nicht möglich ist, Leiden zu lindern, nicht jedoch ‚Todesengel' zu sein. Dies ist bisher eine ziemlich sichere Barriere denen gegenüber, die Hilfe bei ihrem Ableben suchen.

Dass es gleichwohl immer wieder zu solchen Ansinnen kommt, hat vor allem zwei Ursachen: Auch wenn viele Menschen von Zeit zu Zeit mit dem Gedanken spielen mögen, sich das Leben zu nehmen, falls es für sie unerträglich werden sollte, zögern sie dessen Umsetzung doch meistens so lange hinaus, bis sie infolge körperlicher oder geistiger Behinderungen selbst dazu nicht mehr alleine in der Lage sind. Die Hürden, aus dem Leben zu scheiden, denen sie sich nun gegenübersehen, sind in diesen Fällen selbst veranlasst, jedenfalls dann, wenn ihre eigene Hilflosigkeit sie nicht gänzlich unerwartet überrollt. Unter diesen Voraussetzungen andere um Hilfe zu bitten, ist eine Zumutung. Das wird es manchem Arzt erleichtern, sich nicht als Sterbehelfer instrumentalisieren zu lassen. Die andere Ursache liegt darin, dass es für die meisten Menschen, die sich mit Selbsttötungsabsichten tragen, schwer ist, an die rechten Mittel zu kommen, an Mittel zugleich, deren Gebrauch nicht zu einer weiteren Zumutung für die Mitmenschen wird. Hier schließt sich der Kreis, wie durch Regelungen des Gemeinwesens errichtete Hürden einen Lebensmüden dazu bringen, zur Zumutung für seine Mitmenschen zu werden.

So, wie der Wille zu sterben, dessen eigenhändiger Vollzug oder das Ansinnen an andere, dabei behilflich zu sein, Zumutungen für die Mitmenschen sein können, so kann dies auch der Fall sein, wenn ein Mensch um jeden Preis an seinem Leben festhält. Es ist dies dann häufig ein Preis, den weniger er selbst als vielmehr andere zu zahlen haben: zum Beispiel seine Angehörigen, die sich vielleicht über viele Jahre moralisch in der Pflicht sehen, den zum Pflegefall Gewordenen zu versorgen und zu betreuen, darüber unter Umständen ihre eigenen Lebensbedürfnisse, -wünsche und -ziele aufzugeben und dabei die vorhandenen materiellen Ressourcen für den eigenen Lebensabend aufzuzehren. Ist es schon schlimm genug, in einem weitgehend zerstörten Leben selbst nur noch dahinvegetieren zu können, so zwingt das Festhalten an diesem Zustand auch anderen ein Leben auf, das sie in ihrer Entfaltung auf das Nachhaltigste einschränken kann – und dies für einen Menschen, der seine partnerschaftsbegründende Persönlichkeit weitestgehend eingebüßt hat.

Zwei prekäre Fragen knüpfen sich an derartige Situationen: Wie weit ist es Mitmenschen überhaupt zumutbar, einem aussichtslosen, auf ein bloßes Dahinvegetieren reduzierten Pflegefall die eigenen Lebensmöglichkeiten aufzuopfern? Darf man mit den unglücklichen Umständen seines eigenen Lebens das Leben anderer Menschen so ausgreifend in Mitleidenschaft ziehen? Und sollte dies gegen den Willen des Betroffenen unausweichlich erscheinen: Könnte es da nicht wenigstens ein zu respektierender und zu erfüllender Wille des schwer und anhaltend Pflegebedürftigen sein, wenn er eine solche Belastung, ein solches Opfer seiner Mitmenschen – oftmals geliebter Angehöriger, denen man nichts mehr als ein möglicht unbeschwertes Leben wünscht – um ihrer eigenen Lebens- und Entwicklungsmöglichkeiten willen nicht in Anspruch nehmen möchte und deshalb bei noch klarem Verstande die notwendige Unterstützung sucht oder erbittet, aus dem Leben scheiden zu können?

Demografische Zwänge

Der Wille, in einem dauerhaft hilflosen und pflegebedürftigen Zustand weiterzuleben, kann nicht nur eine Zumutung für die unmittelbar darin involvierte Umgebung sein. Er droht darüber hinaus zu einem Problem der zunehmend alternden Gesellschaft schlechthin zu werden. Es wird immer offensichtlicher: In unserer Gesellschaft stehen einer abnehmenden Zahl junger, die notwendigen Leistungen für das Funktionieren der Gesamtgesellschaft aufbringender Menschen immer mehr alte Menschen gegenüber, die jedenfalls materiell kaum mehr etwas Produktives zum Fortbestand der Gesellschaft beitragen, dagegen deren soziale Versorgungs- und Sicherungssysteme in besonderer Weise beanspruchen. Es steht zu befürchten, dass die von den arbeitenden Menschen in die sozialen Sicherungssysteme eingebrachten Mittel immer weniger ausreichen, um auch nur die Alten zu versorgen, geschweige denn, um die notwendigen Rücklagen für ihr eigenes Alter bilden zu können. So gesehen kann es nur Frage einer nicht sehr fernen Zeit sein, bis die Jungen versuchen werden, ein für sie so nachteiliges ‚unsolidarisches Solidarsystem' aufzukündigen oder, wenn die Mehrheitsverhältnisse im demokratischen Entscheidungsprozess dies nicht zulassen, sich ihm nach Kräften zu entziehen, wenn ihnen nicht Perspektiven für eine eigene angemessene Versorgung bei Krankheit und im Alter geboten werden. Das System würde dann noch rascher kollabieren. Da der demografische Trend nicht umkehrbar ist, und der Produktivitätsfortschritt der Gesellschaft die Veränderungen in der Bevölkerungsstruktur kaum wird ausgleichen können, gibt es unter den gegenwärtig geltenden Prämissen für den Umgang mit dem menschlichen Leben nur zwei Optionen, das Problem zu lösen. Ein Teil der Lösung könnte darin liegen, die Altersgrenzen für eine berufliche Tätigkeit heraufzusetzen, so dass die Älteren länger an einer Einzahlung in die sozialen Sicherungssysteme beteiligt bleiben, ehe sie vollends zu deren Nutznießer werden. Die Zaghaftigkeit, mit der dieser Weg bisher beschritten wird, und die zeternden Widerstände, die seine Durchsetzung begleiten, zeigen, wie wenig die Gesellschaft bisher die Probleme erfasst hat, die auf sie zurollen. Was auf diesem Weg nicht ausgeglichen werden kann, wird zwangsläufig durch Einschnitte in den Leistungsumfang des bisherigen Solidarsystems ausgeglichen werden müssen. Schon jetzt wird sichtbar, dass die eingesetzten Mittel immer weniger ausreichen, um den Pflegebedarf alter Menschen abzudecken. Allerorten zeigen sich Mängel, die sich nicht allein durch bessere Organisation beheben lassen. Es fehlt an Einrichtungen und an bezahlbarem Personal. Dieser Bedarf wird in den nächsten Jahren und Jahrzehnten unausweichlich wachsen. Da kann es, nüchtern betrachtet, nur noch eine Frage der Zeit sein, bis die Gesellschaft mit der Aufgabe einer menschenwürdigen Betreuung ihrer Alten nicht mehr klarkommt.

Aus diesem Dilemma gäbe es indessen noch einen weiteren Ausweg. Er könnte darin bestehen, dass die alten Menschen mit Blick auf einen gedeihlichen Fortbestand des Gemeinwesens und damit des Wohles ihrer eigenen Nachkommen ihre Ansprüche an das Solidarsystem von sich aus zurücknehmen, wenn ihr Leben in Situationen einmündet, wie sie zu Beginn dieser Abhandlung beispielhaft beschrieben worden sind. Von Seiten des Gemeinwesens müsste dann hinzukommen, dass es seinerseits Formen und Wege findet, eine solche Bereitschaft mit Respekt anzunehmen und den zum Sterben bereiten Menschen einen würdigen Abschied aus dem Leben zu ermöglichen.

Früher, bis vor nicht einmal hundert Jahren, galt die Aufopferung des eigenen Lebens für das Vaterland als eine ehrenvolle Tugend, der man, wenn auch nicht immer freudig, selbstverständlich Folge leistete, wenn das Gemeinwesen in seinem Bestande bedroht erschien. Es waren dies zumeist von außen kommende Bedrohungen, angesichts derer die Angegriffenen, zur Selbstbehauptung entschlossen, zusammenrückten. Als Konsequenz der allgemeinen Wehrpflicht ist dies zur bürgerlichen Pflicht geworden und bis heute geblieben. Gegenwärtig und zukünftig sind Gefahren für den Bestand der Gesellschaft eher, aber nicht minder bedrohlich, von innen, also aus ihrer Verfasstheit selbst heraus zu erwarten. Um diese Gefahren zu bestehen, sind die gleichen Bürgertugenden gefragt, die sich darin manifestieren, liebgewordene eigene Interessen um anderer, als höher eingeschätzter Ziele und Werte willen zurückzunehmen.

Ein solches Prozedere, das in seinen Voraussetzungen und Bedingungen erst noch sorgfältig ausgewogen und präzise festgelegt werden müsste, stößt sogleich auf zwei massive Probleme: Die Einforderung des eigenen Lebens um der Gemeinschaft willen hat nicht nur in der Geschichte unseres Landes schreckliche Perversionen erfahren. Vermeintlich hehre Ziele, um derentwillen vom Einzelnen existenzielle Opfer gefordert wurden, haben sich immer wieder als zynische, oftmals verbrecherische Machtinteressen erwiesen. Die Menschen sind deshalb zu Recht sehr misstrauisch und hellhörig geworden, wenn man ihnen mit solchen Ansinnen kommt. Der wiederholte Missbrauch persönlicher Opferbereitschaft hat sicherlich auch mit dazu beigetragen, dem einzelnen Leben und seiner Bewahrung in unserem Wertesystem eine so zentrale, nahezu unantastbare Bedeutung einzuräumen.

Das Misstrauen der Menschen gegenüber dem Ansinnen, sich mit der Wichtigkeit des eigenen Lebens zurückzunehmen, wenn es für die Allgemeinheit erkennbar zu einer immer schwerer tragbaren Belastung wird, ist aber auch heute nicht unangebracht. Steht eine solche Bereitschaft erst einmal als vorbildliche Tugend im Raume, kann auch sie, wenn auch nicht gleich zur Pflicht, so doch sehr schnell zu einer moralischen Forderung werden. Was, aus freien Stücken vollzogen, Anerkennung und Respekt verdient, entwickelt unversehens Druck auch auf diejenigen, die sich zu einem solchen Schritt, aus welchen Erwägungen auch immer, nicht in der Lage sehen. Sie finden sich jählings wieder in der Rolle eines eigensinnigen und egoistischen Schmarotzers, der die Gesellschaft ohne Rücksicht auf die Folgen für die nach ihm Kommenden ausbeutet. Der alte, hilflose und pflegebedürftige Mensch könnte sich alsbald der – unterschwellig spürbaren oder gar unumwunden ausgesprochenen – für ihn grausamen und peinvollen Fragen ausgesetzt sehen: Ob er denn nicht bemerke, wie sehr er seiner Mitwelt zur Last werde? Warum er dann nicht auch, dem Vorbild anderer folgend, bereit sei, sein Leben zu beenden, dem zumeist bereits lange Jahrzehnte beschieden waren, um es auszukosten und zu gestalten und mit dem ohnehin nun nur noch wenig anzufangen sei? Und wenn solche Fragen erst einmal im Raume stehen, dann ist es ist nicht auszuschließen, dass sie sich alsbald auch an alte Menschen richten könnten, die, durchaus noch rüstig und lebensfroh, aus dem für die Gesellschaft produktiven Leben ausgeschieden sind, denen man aber vorrechnen könnte, dass sie die jetzt beanspruchten Mittel für ihr Leben nie und nimmer voll erwirtschaftet haben. Und schließlich könnten diese Fragen wieder – wie schon einmal in den düstersten Stunden unserer Geschichte – anlangen bei Behinderten, im Gesellschaftssystem Gestrandeten und anderen Außenseitern, die ihr Leben aus eigener Kraft nicht meistern können oder aus sonstigen Gründen als störend empfunden werden. Hinter einer als Tugend erscheinenden, aus verantwortungsbewusster Einsicht getroffenen, freien Entscheidung lauert so die Gefahr eines ‚Mobbings zum Tode' derjenigen Gesellschaftsmitglieder, die der Gemeinschaft lästig werden!

Allerdings wäre es wohl eine Illusion, zu glauben, die bisher bestehenden hohen Barrieren zur Bewahrung des Lebens könnten dies verhindern. Auch in ihrem Schutze kann man Menschen das Leben zur Hölle machen, so dass sie ausgegrenzt, einsam und zunehmend vernachlässigt innerlich einknicken und den ‚Tod aus Hoffnungslosigkeit' sterben, von dem der Hamburger Psychosomatiker Arthur Jores einmal gesprochen hat.

6. Was also: Ausharren oder gehen?

Der bisherige Diskurs hat in eine Konfliktlage hineingeführt, aus der heraus es keinen Königsweg gibt. Bleibt es bei der bisherigen Situation, werden sich immer mehr alte Menschen durch einen mehr oder weniger langen Lebensabschnitt körperlichen und geistigen Verfalls zum Tode quälen müssen. Die für den Einzelnen verfügbaren Mittel, ihm diese Leidenszeit zu erleichtern, werden eher geringer werden. Gleichwohl wird die übrige Gesellschaft immer schwerer an ihnen zu tragen haben und es ist nicht unwahrscheinlich, dass sie sich hierüber – lässt man den Dingen ihren Lauf – entsolidarisiert. Oder aber: Die Gesellschaft öffnet sich dem Gedanken, Menschen, die mit ihrem Leben abschließen möchten, nicht mit allen Kräften davon abzuhalten. Sie akzeptiert deren Entschluss als einen menschengemäßen und verantwortungsbewussten Schritt, nicht als menschliches Wrack zu sterben, sondern als noch hinreichend entscheidungsfähige Persönlichkeit, als die sie sich bisher selbst fühlen und die sie auch für ihre Mitmenschen sein konnten. Und sie erleichtert ihnen schließlich die Möglichkeiten in Würde, das heißt, ohne angsterfüllte, quälende oder Dritte abstoßende oder schockierende Umstände, aus dem Leben zu scheiden. Dann besteht jedoch die Gefahr, dass die gewonnene Freiheit zum Tode unter dem Druck einer Gesellschaft, die die Last ihrer alten und hilflosen Mitmenschen nicht weiter mitschleppen will, manipulierbar wird und zu einem ‚Mobbing zum Tode' ausartet.

So problematisch diese Konfliktlage auch ist, kein Weg wird daran vorbeiführen, sich in der einen oder anderen Richtung zu entscheiden. Es wird deshalb darauf ankommen, unter dem dieser Abhandlung vorangestellten Leitsatz eine solche Entscheidung zu treffen: Quidquid agis, prudenter agas, et respice finem – was immer Du tust, tue es mit Umsicht und bedenke das Ende. Die Blicke richten sich dabei zuerst auf die Gesellschaft mit der Frage, ob sich Verfahrensweisen für Sterbewillige finden lassen, die dem kategorischen Imperativ genügen, also Maßstab einer allgemeinen Gesetzgebung sein können. Findet die Gesellschaft hierauf keine Antwort oder zeigt sie sich in der Auseinandersetzung über mögliche Antworten entscheidungsunfähig, muss der Einzelne, wie bisher, seinen Weg notgedrungen auf eigene Faust finden. Mit vorrückendem Alter wird dies für ihn immer dringlicher. Seine Lebenszeit ist begrenzt, die Risiken, entscheidungs- und handlungsunfähig zu werden, nehmen zu. Will er den Dingen nicht ihren ungewissen Lauf lassen, muss er seine Dispositionen nach seinen eigenen Maßstäben treffen.

6.1. Gesellschaftspolitische Lösungen

Wenn die Gesellschaft eine Notwendigkeit zum Handeln erkennt, um später nicht von außer Kontrolle geratenden Entwicklungen überrollt zu werden, bieten sich zunächst die bereits andernorts ausführlich dargestellten Reformansätze an.[163] Sie alle bleiben auf dem Boden der dargestellten ver-

---

[163] s.o. 4.1 (Das geltende Recht in Deutschland – Reformbestrebungen)

fassungsmäßigen Garantien des Lebensschutzes vor dem Zugriff Dritter geschützt, legen indessen die Bestimmung über die Begrenzung, den Abbruch oder die Unterlassung lebenserhaltender Maßnahmen unmissverständlich in den Entscheidungsbereich des Betroffenen. Sie geben dem Arzt Sicherheit gegen strafrechtliche Konsequenzen, wenn er einem Patienten mit dessen ausdrücklichem oder mutmaßlichem Einverständnis zur Linderung schwerer Leiden Mittel verabreicht, die rascher zum Tode führen können. Nach Ausschöpfung aller therapeutischen Möglichkeiten zur Abwendung eines unerträglichen und unheilbaren Leidens öffnen sie sogar vorsichtig den Weg zu einem ärztlich assistierten Suizid. Und schließlich heben sie die Rettungspflicht gegenüber Suizidenten auf, wenn deren Willen zu sterben auf einer erkennbar ernsthaften Entscheidung beruht.

Alle diese Vorschläge bewegen sich gedanklich-konzeptionell in einem Korridor, der – tastend noch – in einzelnen Kantonen der deutschen Schweiz infolge einer liberalen Gesetzeslage[164] und einer seit über zwanzig Jahren praktizierten Sterbebegleitung durch private Initiativen wie die Organisationen ‚Exit', ‚Dignitas' und ‚Ex International' beschritten wird. Entschlossen begangen wird er hingegen seit 2002 von Belgien und den Niederlanden nach einer zuvor jahrelangen, durchaus problematischen Phase rechtlich ungesicherter Duldung. Es verdient in diesem Zusammenhang hervorgehoben zu werden, dass das Schweizer Recht und die daran anknüpfenden Verfahrensweisen weder dem wie in Deutsch-

[164] s.o. 4.6. (Rechtsauffassungen benachbarter Länder)

land geltenden, besonderen Schutz des menschlichen Lebens geschadet, noch eine epidemische Ausbreitung des Sterbeverlangens von Menschen nach sich gezogen haben. Ähnliches scheint für die noch jüngeren Regelungen in den Niederlanden und Belgien zu gelten. Dem Bericht einer vom niederländischen Gesundheitsministerium beauftragten Kommission von Ärzten und Medizinethikern aus dem Jahr 2007[165] zufolge sind nach Inkrafttreten des Gesetzes die Fälle aktiver ärztlicher Sterbehilfe von 3.500 im Jahr 2001 auf 2.325 im Jahr 2005 zurückgegangen. Auch wenn die Diskussion über eine Ausweitung der Sterbehilfe, beispielsweise auf Neugeborene mit schwersten Geburtsschäden, weitergeht; der oft beschworene Dammbruch, will sagen, ein Brechen der zum Schutze des menschlichen Lebens errichteten Deiche, ist bisher nicht erkennbar, jedenfalls nicht quantifizierbar in Erscheinung getreten.

Zu ergänzen wären solche Regelungen durch einen erleichterten Zugang zu Mitteln und Verfahren, die den Sterbewilligen in die Lage versetzen, seinen Tod – als Prüfstein seiner Entschlossenheit soweit immer möglich – eigenhändig herbeizuführen, ohne Ängste wegen eines Fehlschlages, ohne Qualen, ohne unnötig schockierende und abstoßende Begleiterscheinungen für seine Mitmenschen und ohne anderen Menschen zumuten zu müssen, ihm dabei unmittelbar behilflich zu sein.

Die Frage ist, ob hierfür eine auf diese oder jene Weise organisierte Sterbebegleitung unerlässlich ist? Die in der

---

[165] Summary siehe www.minvws.nl/eval-eutha-summary (v5)_tcm20-149340.pdf

Schweiz einer Verschreibung zugänglichen Substanzen scheinen, jedenfalls in den üblichen Dosierungen, nicht in allen Fällen ‚todsicher' zu wirken. Dann aber stößt die dortige Sterbebegleitung an rechtliche Schranken, denn auch in der Schweiz ist die aktive Sterbehilfe für nicht mehr handlungsfähige Suizidenten strafbar. Man muss weiterhin wohl in Betracht ziehen – Hinweise darauf gibt es bereits – dass Mittler, die über den Zugang zu tödlichen Substanzen verfügen können, dies gegenüber Hilfesuchenden ausnutzen können, indem sie deren mehr oder weniger bereitwillige Freigabe von der Höhe finanzieller Leistungen abhängig machen.

Nicht einzusehen ist aber vor allem, warum überhaupt Menschen, die sterben möchten, sich unter allen Umständen einer Überprüfung und damit Rechtfertigung ihres Wunsches durch Dritte – bei Exit eines ehrenamtlichen Mitarbeiters der Organisation, bei den beiden anderen Einrichtungen auch durch Ärzte oder Psychologen – unterziehen sollen, und weshalb, wie in den Niederlanden und Belgien sowie in der Schweiz bei ‚Dignitas' und ‚Ex International', eine Freigabe der zielführenden Mittel aus ärztlicher oder psychologischer Sicht indiziert sein muss – wie immer das dann festgestellt wird. Denn was dem Einzelnen sein Leben unerträglich macht, hat, wie gezeigt, seine Ursachen ja keineswegs immer in Problemen, die in den Beurteilungs-, Behandlungs- oder Entscheidungsbereich derjenigen gehören, die gegenwärtig die Verschreibungs- oder Zuteilungshoheit über die hierfür tauglichen Mittel haben. Wer bei der schwierigen Entscheidung über eine Beendigung seines Lebens Hilfe – auch Entscheidungshilfe – und eine Begleitung sucht, der sollte sie finden können. Hierin liegt ein Gewinn der neuen Gesetzeslage in Belgien und den Niederlanden und das segensreiche Wirken der Schweizer Organisationen, das, wie man weiß, ja keineswegs immer, nicht einmal in der Mehrzahl der Fälle in den Tod führt. Zu kritisieren bleibt, dass diese Hilfe nur um den Preis zu haben ist, dass letztlich ein anderer als der Betroffene selbst über das Sterben-Können entscheidet – nach Maßstäben zumeist, die nicht die des Beistand Suchenden sind. Niemandem aber sollte dies aufgenötigt werden, keiner darauf angewiesen sein, denn jeder Mensch hat in unserem Land das Recht, ihm gebotener ärztlicher, psychologischer oder seelsorgerischer Hilfe und Beratung nicht zu folgen und seinen eigenen Weg zu gehen – auch dann, wenn die zurückgewiesenen Experten meinen, seinem Leben mit ihren Möglichkeiten eine positive Wendung geben zu können.

Soweit es Anlass zur Sorge gibt, ein erleichterter Zugang eines Sterbewilligen zu tödlichen Giften könnte zu unerwünschten oder missbräuchlichen Verwendungen führen, ließe sich dem mit folgendem Verfahren entgegenwirken: Voraussetzung für den Zugang zu dem Mittel könnte eine notariell beurkundete Festlegung sein, über den Zeitpunkt des eigenen Todes selbst entscheiden zu wollen. Damit könnte Vorsorge getroffen werden, dass ein späterer Entschluss, aus dem Leben zu scheiden, wohlüberlegt wurde und nicht aufgrund einer momentanen Affekthandlung erfolgt. Für den Regelfall könnte als weitere Voraussetzung ein Alter von mindestens 65 Jahren gelten. Damit wäre bis zu dem fraglichen Zeitpunkt der Gefahr ein Riegel vorgeschoben, dass sich einzelne Bürger ihren Verpflichtungen gegenüber der Familie oder Gläubigern durch ein Ausweichen in den Tod entziehen, und dem Interesse der Gesellschaft Rechnung getragen, nicht so leicht vorzeitig Mitbürger zu verlieren, auf deren Beiträge zum Fortbestand des Gemeinwesens sie setzen muss.[166] Eine weitere überlegenswerte Einschränkung zum Schutze familiärer Lebensgemeinschaften könnte die zustimmende, zumindest tolerierende Einbindung des Ehepartners in die notarielle Beurkundung sein. Über diese von ‚Staatsräson' geprägten Erwägungen hinausgehende, die Verfügung über das eigene Leben einschränkende Regelungen sind – wie bereits oben eingehend dargelegt[167] – weltanschaulicher Natur. Auf sie gegründete Regelungen, die allgemeine Geltung beanspruchen, stoßen sich an den verfassungsrechtlich verbürgten Freiheitsrechten des Einzelnen.

Wenn man in diesem Rahmen den Sterbewillen eines Menschen toleriert, kann man auch den rechtlichen Rahmen dafür schaffen, dass todsichere Mittel oder Verfahren zur Verfügung stehen, mit denen der Sterbewillige ohne fremde Hilfe zurecht kommen kann und die dann auch nicht Gegenstand einer finanziellen Ausbeutung von Sterbewilligen werden können. Solche Mittel gibt es. Sollten sie in Hinblick auf Verlässlichkeit, Leidensfreiheit und eine assistenzfreie Handhabbarkeit für den Anwender noch verbesserungsbedürftig sein, stehen dem jedenfalls pharmakologisch keine unüberwindbaren Hindernisse entgegen. Das ausgegebene Gift könnte in einem verschlossenen Behältnis ver-

---

[166] Sie hierzu Näheres unter 3.2.: Lebensbewahrung als Pflicht gegenüber der Gesellschaft und 3.3. Selbsterhaltung – der Gesellschaft geschuldet?

[167] s.o. Teil 3: Unverfügbarkeit des Lebens oder Freiheit zum Tode

siegelt werden, dessen Öffnungscode ausschließlich der Betroffene kennt, so dass kein Dritter gegen seinen Willen oder allenfalls nach einem erkennbaren Siegelbruch über das Gift verfügen kann. Es könnte darüber hinaus mit einem persönlichen Marker versehen werden, mit dessen Hilfe im Verdachtsfall eine missbräuchliche Verwendung des Giftes an Dritten nachgewiesen werden könnte. Bei Widerruf der notariellen Erklärung müsste das Gift zurückgegeben werden. Ein solches Verfahren bedürfte selbstverständlich noch einer Verfeinerung. Auch dann wird es gewiss nicht alle Missbrauchsrisiken aus dem Weg räumen. Wohl aber könnte es Barrieren errichten, die Ausuferungen entgegenwirken würden. Im Übrigen ist ja auch heute der missbräuchliche Zugang zu Giften nicht gänzlich versperrt.

Das Kernproblem einer solchen Öffnung bleibt der mögliche Druck auf Menschen, die nun zwar die Möglichkeit eines sanften Freitodes hätten, davon aber freiwillig keinen Gebrauch machen wollen. In der Schweiz ist auch dieses Problem bisher nicht zutage getreten. Problemen, die es in dieser Hinsicht in den Niederlanden wohl gegeben hat, wurde durch die Gesetzgebung aus dem Jahr 2002 ein Riegel vorgeschoben. Unabdingbar muss auch bei uns bleiben: Wer, aus welchen Gründen auch immer, am Leben festhalten will, der muss diese Möglichkeit behalten. Das ist eine unmissverständlich klare und eindeutige Grenzziehung. Von ihr ausgehend muss die Gesellschaft – wie bisher auch – allen Versuchen entschieden entgegentreten, Menschen zum Sterben zu drängen. Es muss Konsens des Gemeinwesens bleiben, dass es, beispielsweise aus Glaubensüberzeugungen, nicht nur unangreifbare sondern auch achtenswerte Gründe gibt, nicht eigenmächtig dem eigenen Leben ein Ende zu setzen.

Ein solcher Respekt vor einer am Leben festhaltenden Einstellung wird auch leichter aufrecht zu erhalten sein, wenn diejenigen, die danach leben, damit ihrerseits die Gemeinschaft, in der sie leben, nicht überfordern. Sie dürfen deshalb nicht erwarten, dass ihnen die Gesellschaft ihre Art zu leben mit allem erdenklichen Komfort ermöglicht. Sie können von ihr nicht mehr fordern, als das, was – soweit irgend vorausberechenbar – schließlich auch für diejenigen an Fürsorge möglich bleiben muss, die heute mit ihrer Arbeit das Solidarsystem und damit die Sorge für die aus dem Erwerbsleben Ausgeschiedenen aufrechterhalten. Dabei dürfen prognostische Unsicherheiten nicht zu Lasten der nachfolgenden Generationen gehen. Dies ist gewissermaßen Teil des kategorischen Imperativs, wie er als Sittengesetz seinen Niederschlag in der Verfassung gefunden hat. In der Praxis wird das bedeuten, dass alle, die ungeachtet ihres Zustandes am Leben festhalten möchten, über das hinaus, was ihnen das Gemeinwesen nach der genannten Regel noch bieten kann, selbst werden Sorge tragen müssen. Hieraus könnte sich eine neue und vielleicht belebende Aufgabe für die Glaubensgemeinschaften ergeben, für die eine Verfügung über das eigene Leben obsolet ist.

Diese Betrachtungsweise mag viele, die von den bisherigen Segnungen der Sozialsysteme verwöhnt wurden, erschrecken, vielleicht empören. Und diese Empörung wird in den nicht ganz von der Hand zu weisenden Vorwurf einmünden: ‚Weil Du arm bist, musst Du früher sterben'! Was aber, ist dann zunächst zurückzufragen, haben denn diejenigen, für die das eigene Leben der Güter höchstes und unverzichtbares ist, dafür getan – und mehr noch, worauf alles haben sie in ihrem bisherigen Leben verzichtet – um es unter Aufbietung aller medizinischen Möglichkeiten bewahren zu können? Und weiter: Wäre es nicht genauso erschreckend und empörend, die bisher gewohnten Leistungen unvermindert für sich in Anspruch zu nehmen und nach weiteren Verbesserungen zu rufen, ohne sich ernsthaft mit der Frage auseinanderzusetzen, was dann noch für die soziale Absicherung der nachfolgenden Generation übrig bleibt? Ist es da völlig abwegig und verwerflich oder nicht vielmehr nachvollziehbar und achtenswert, vor dem Hintergrund vieler gelebter Jahrzehnte, die man selbst hatte, wie immer man sie für sich zu nutzen verstand, und angesichts eines nun erodierenden Lebens sich selbst zugunsten derjenigen zurücknehmen zu wollen, die wesentliche Teile ihres Lebens noch vor sich haben? Ihre Entfaltungsmöglichkeiten nicht über Gebühr mit den Lasten der eigenen Abgängigkeit beschweren zu wollen? Im Leben Aufgebautes, Erworbenes und Angespartes lieber ihrer Entwicklung zukommen zu lassen, statt es an eine immer freud- und aussichtslosere Endphase des eigenen Lebens zu verschleudern? Muss man denen, die das erklärtermaßen für sich so sehen, mit allen Kräften Wege dorthin verstellen und Mittel dafür vorenthalten?

Keine Lösung bieten die hier dargelegten Vorgehensweisen für Fälle, in denen Menschen plötzlich und für sie unerwartet handlungsunfähig werden.[168] Wer auf diese Weise die

---

[168] s.o. 1.2. (Wenn die Kontrolle über den Körper verloren geht)

Kontrolle über seinen Körper verliert, hat keine Möglichkeit mehr, selbst Hand an sich zu legen. Der Vorschlag des eingangs zitierten Alternativentwurfes von 1986, bei einer Tötung auf ausdrückliches und ernsthaftes Verlangen von einer Bestrafung abzusehen, wenn sie der Beendigung eines schwersten, vom Betroffenen nicht mehr zu ertragenden Leidenszustandes diente, der nicht durch andere Maßnahmen behoben oder gelindert werden konnte, brächte jeden, der dem Betroffenen helfen will, in eine unzumutbare Lage. Denn die Tat bliebe ein Delikt. Und ob sie wirklich straffrei bliebe, wäre an nicht sicher abschätzbare Kriterien gebunden. Einzelne Mitarbeiter an dem Entwurf hatten dies durchaus erkannt und weitergehende, den Sterbehelfer entlastende Vorschläge gemacht, mit denen sie sich aber offenkundig nicht durchsetzen konnten.[169]

Wenn man also auf solche Weise hilflos gewordene Menschen nicht ihrem, von ihnen als grausam empfundenen Schicksal überlassen will, müssen Rahmenbedingungen geschaffen werden, die den zur Sterbehilfe Bereiten von jedem rechtlichen Makel freistellen. Dies könnte dann, ähnlich wie in Belgien und den Niederlanden sowie bei den Schweizer Sterbehilfeorganisationen, der Fall sein, wenn der unversehens hilflos gewordene Mensch zuvor drei unabhängigen und sachverständigen Personen (zwei Ärzten und einem Notar) gegenüber oder im Falle des Verlustes seiner Entscheidungsfähigkeit durch eine klare Patientenverfügung seinen

---

[169] siehe die Vorschläge von Kaufmann, Brändel, Klug und Hoerster, abgedruckt in Eser / Koch, S. 158 ff.

Sterbewillen unmissverständlich zum Ausdruck gebracht hat. Eine andere Voraussetzung aber müsste bleiben, dass niemand aufgrund einer solchen Bekundung zur Tötung verpflichtet werden könnte. Diese Entscheidung muss für den, der das Sterben ermöglichen kann, eine freie Entscheidung bleiben. Der Sterbewillige dürfte von einer solchen möglichen Hilfe aber auch nicht mutwillig abgeschnitten werden. Der Alternativentwurf Sterbebegleitung von 2006 enthält eine erste, vorsichtige Öffnung in dieser Richtung. Sie bleibt allerdings ausschließlich auf Ärzte beschränkt, nach Ausschöpfung aller therapeutischen Möglichkeiten eines tödlich Kranken zur Abwendung eines unerträglichen und unheilbaren Leidens.[170]

Es ist leider absehbar, dass sich unsere Gesellschaft im Widerstreit der Meinungen nicht aus freien Stücken auf Verfahrensweisen der hier skizzierten Art wird einigen können. Sie wird an marginalen Symptomen herumkurieren und sich damit noch eine Weile durchwursteln. Umso sicherer wird sie früher oder später, sowohl materiell als auch mental schlecht vorbereitet, vor den unerbittlichen Fakten kapitulieren müssen. Deshalb werden die einzelnen Menschen wohl gut beraten sein, jeder für sich, einen Weg zu finden, diese Situation mit Anstand für sich selbst zu lösen.

---

[170] Alternativentwurf Sterbegleitung, a.a.O. S. 38

6.2. Persönliche Überlegungen

Wie immer die Einstellungen der Gesellschaft und des näheren oder weiteren Kreises der Mitmenschen zur Selbsttötung sind, sie ist und bleibt zuallererst eine Entscheidung des Einzelnen. Daraus folgt: Er selbst trägt dafür die Verantwortung und er kann die Entscheidung und ihren Vollzug nicht auf andere abwälzen, sondern es ist grundsätzlich seine Angelegenheit, eine solche Entscheidung auch selbst zu vollziehen.

Sofern die Selbsttötung nicht im Affekt einer momentanen und überwältigenden Verzweiflung geschieht, ist sie von vielerlei Bedenken und Zweifeln begleitet, durch die sich der Betreffende erst durchringen muss. Daher handelt es sich wohl in den seltensten Fällen um einen leichtfertig getroffenen Entschluss! Nur eine gründliche Auseinandersetzung mit sich selbst, seinem bisherigen Leben, den darin eingegangenen Verpflichtungen und Bindungen und den Konsequenzen, die eine Entscheidung zum Tode nach sich ziehen könnte, macht sie zu einem respektablen, dem Menschen gemäßen Willensakt.

Der Druck des Leidens

Solange es Menschen leidlich gut geht, werden sie nicht auf den Gedanken kommen, sich das Leben zu nehmen. Häufigster Anlass, aus dem Leben scheiden zu wollen, ist ein großer, anhaltender und auswegloser oder zumindest ausweglos erscheinender Leidensdruck, wie er in einigen Facetten beispielhaft am Beginn dieser Abhandlung geschildert worden ist. Diejenigen, die solchen Leiden ausgesetzt sind, machen in der Regel eine merkwürdige Erfahrung: Je näher sie an die Grenze herankommen, jenseits derer das Leben nicht länger erträglich erscheint, desto zögerlicher werden die Betroffenen, ihren Entschluss, nunmehr ein Ende dieser Leiden herbeizuführen, tatsächlich zu vollziehen. Vielmehr wächst deren Neigung, die Grenze des Unerträglichen weiter hinauszuschieben und Zuflucht zu immer unwahrscheinlicher werdenden Hoffnungen auf Besserung ihrer Lage zu nehmen oder die eigentlich so unerträglich erscheinenden Leiden und Beschwerden doch weiter zu ertragen. In dieser typischen Regung zeigt sich der auch dem Menschen eigene, natürliche Lebenswille. Wer schließlich über diese Barriere innerer Widerstände hinweggezogen wird, dem darf man wohl abnehmen, dass die ihm von der Natur mitgegebene Vitalität zumindest mental, also in Hinblick darauf, was die menschliche Persönlichkeit ausmacht, wirklich erschöpft ist.

Die Erosion von Interessen und Zielen

Die meisten Menschen ziehen die ihrem Leben Sinn und Richtung gebenden Kräfte aus ihren Interessen und Zielen. Die hieraus erwachsenden Resultate tragen wesentlich zu Selbstverständnis und Selbstwertgefühl des Einzelnen bei. Bei den einen im Zusammenhang mit gesundheitlichen Einschränkungen, bei anderen unabhängig davon, unterliegen diese Antriebskräfte einem schleichenden Auflösungsprozess. Entweder reicht die körperliche oder geistige Kondition nicht mehr aus, noch bestehenden Interessen nachzugehen und Ziele zu verfolgen, oder, schlimmer noch, das bisherige

Interesse und die innere Motivation fallen in sich zusammen. Was anfangs noch den Anschein heiterer Gelassenheit oder altersweiser Toleranz haben kann, verdichtet sich mehr und mehr zu einer dumpfen Interesselosigkeit und Antriebsarmut. Den Betroffenen fällt nichts Rechtes mehr ein, was sie noch aus ihrem Leben machen könnten. Das Leben um sie herum wird ihnen zunehmend gleichgültig. Wohlmeinend ermutigende Anregungen werden den Betroffenen eher lästig, weil sie ihnen nur zu deutlich vor Augen führen, dass es für sie nichts wirklich Anregendes und Belebendes mehr gibt. Wo sich solche depressionsähnlichen Zustände nicht medikamentös aufhellen oder auflösen lassen, sind sie ein für den Betroffenen alarmierendes Zeichen, dass der Augenblick sehr nahe ist, noch eine eigenständige Entscheidung über die Beendigung seines Lebens treffen zu können. Wenig später kann es auch dafür zu spät sein, weil dann Motivation und Entschlusskraft auch dafür wegbrechen.

Die Wahl des Mittels

Der Mittel und Möglichkeiten, seinem Leben ein Ende zu setzen, gibt es viele.[171] Dennoch sind sie das wohl zentrale Hindernis, das dem Menschen seinen Entschluss, von eigener Hand aus dem Leben zu scheiden, besonders erschwert. Das sicherste Mittel, unter der sachkundigen Kontrolle eines Arztes einen sanften Tod zu finden durch die Infusion eines

---

[171] Einen recht umfassenden und fachkundigen Überblick gibt Maurits Verzele: Der sanfte Tod – Suizidmethoden und Sterbehilfe

tödlichen Giftes und eines Narkotikums, das die vielleicht quälenden Begleiterscheinungen des Sterbens betäubt, verbietet sich. Von wenigen, andernorts besprochenen Grenzfällen abgesehen, ist es einem Arzt weder von seinem beruflichen Selbstverständnis her zumutbar noch nach dem für ihn geltenden Standesrecht gestattet, eigenhändig und unmittelbar Hand an das Leben eines Patienten zu legen. Und anders als in der Schweiz, wo Sterbehilfeorganisationen für dortige Verhältnisse zulässige Modifikationen gefunden haben, bleibt es für einen Arzt in Deutschland zumindest standesrechtlich problematisch, wenn er – rechtlich ein Fall strafloser Beihilfe – alle Voraussetzungen für eine todbringende Infusion schafft, sich dann aber von dem Patienten entfernt und deren Auslösung ihm überlässt.

Die nächst sicheren Mittel sind entweder in ihrer Brutalität schockierend oder gemeingefährlich. Sich zu erhängen, zu erschießen, zu verbrennen, aus einem hohen Gebäude zu springen oder vor einen Eisenbahnzug zu werfen, sind entsetzliche Zumutungen für die Mitmenschen. Den an seinem Leben Verzweifelten auf einen solchen Ausweg abzudrängen, ist zugleich eine dessen eigene Würde verachtende und ein angemessenes Andenken zerstörende Mitleidslosigkeit, die einer zivilisierten Gesellschaft schlecht ansteht. Sich mit Gas zu vergiften oder in einem provozierten Verkehrsunfall den Tod zu suchen, bringt andere Menschen in unverantwortlicher Weise in Gefahr.

Bleibt die lange Liste der Gifte. Für den Laien einigermaßen zugängliche, etwa Pflanzenschutzmittel oder radikale Reinigungssubstanzen, garantieren weder einen sicheren noch einen sanften Tod. Der mit ihnen eingeleitete Sterbevorgang ist zumeist äußerst qualvoll, und statt eines wenigstens sicheren Endes überleben die Betroffenen nicht selten in einem noch schlimmeren Zustand dauernder, schwerster Pflegebedürftigkeit. Die für einen Suizid tauglicheren Gifte sind dagegen ‚unter Verschluss'. Nur Ärzte, Pharmazeuten, einschlägige Naturwissenschaftler oder ihre Hilfskräfte haben in der Regel Zugriff darauf. Aber auch ihre zielführende Dosierung erfordert die Sachkunde des Fachmannes. Beides macht es für denjenigen, der sich, wenn auch nur rein vorsorglich, eine Option auf einen selbstbestimmten Tod sichern will, nahezu unausweichlich, sich eines fachkundigen Mitverschworenen zu versichern. Hierfür sind oft Odysseen notwendig, bis sich jemand findet, der es mit seinem Verantwortungsbewusstsein, sowohl sich selbst als auch dem Hilfe Suchenden gegenüber, vereinbaren kann, ihm die geeigneten Mittel oder den Zugang hierzu zu verschaffen. Um wie viel besser wären da für alle Beteiligten etwas offenere gesetzliche Regelungen, die diese ja vorhandene Praxis aus ihrem klandestinen Halbdunkel herausbrächte. Solange dies nicht der Fall ist, bleibt nur dieser Weg, so gerne man ihn auch denen ersparen würde, die man um Hilfe bitten muss.

Das Finden des richtigen Zeitpunktes

Hat man schließlich das Mittel in Händen und fühlt man die Zeit nahen, es einzusetzen, stellt sich das Problem des passenden Zeitpunktes. Nicht alle Mittel führen sofort zum Tode. Insbesondere Gifte entfalten die gewünschte Wirkung oft erst über mehrere Stunden hinweg. Wer nicht vorzeitig von anderen Menschen aufgefunden werden will, die sich zur Rettung verpflichtet sehen, muss dafür sorgen, während der erforderlichen Zeit unentdeckt zu bleiben.

Weitaus problematischer ist es, von der Möglichkeit, sich das Leben zu nehmen, rechtzeitigen Gebrauch zu machen. Hier den richtigen Augenblick zu treffen, ist deshalb besonders schwierig, weil er tunlichst vor dem Zeitpunkt liegen muss, an dem das Leben wirklich unerträglich wird. Tritt Letzteres ein, ist es für ein eigenständiges Handeln oft zu spät. Die Unerträglichkeit der eigenen Leiden wird dann zumeist noch dadurch verschärft, hilflos und von anderen abhängig geworden zu sein. Man ist auf deren Handreichungen angewiesen, darf aber schwerlich erwarten, dass sie ihre Hand zur Selbsttötung reichen oder sie gar – rechtswidrig und strafbar – auf entsprechende Bitten stellvertretend vollziehen. Und man ist dann in der Regel eng getaktet überwacht. Selbst wer die Mittel, beispielsweise ein Gift, bei sich hätte und es noch selbst einnehmen könnte, müsste damit rechnen, so rechtzeitig entdeckt zu werden, dass seine tödliche Wirkung verhindert werden kann. Solange indessen eine solche Situation noch nicht eingetreten ist, wird der Betreffende mit dem Gefühl leben, nicht unmittelbar unter zeitlichem Zugzwang zu stehen. Er befindet sich in einer Lage, wie sie zu Beginn dieses Kapitels mit der Neigung beschrieben wurde, in der jeweiligen Situation die Grenze zum Unerträglichen noch eine Weile vor sich her zu schieben.

Auch für denjenigen, der eine für sich annehmbare Lösung gefunden hat, sein Leben zu beenden, wird es deshalb immer ein Problem sein, den rechtzeitigen Augenblick dafür zu finden. Überraschende Hinfälligkeiten, beispielsweise infolge eines Unfalls oder eines Schlaganfalles, können die bestehende Option wieder zunichte machen. Sie besteht deshalb vor allem in Fällen eines schleichenden Verfalles oder einer sich länger hinziehenden Krankheit. Auch hier kann man, wie bereits in anderem Zusammenhang ausgeführt, den Zeitpunkt, an dem man noch hinreichend entscheidungs- und handlungsfähig ist, leicht verpassen. Zuverlässig leiten kann einen in dieser Frage einzig eine gründliche innere Klärung, was den Sinn und das Ziel des bisher zurückgelegten Lebens ausmachte, was davon seine Erfüllung gefunden hat und was darüber hinaus noch eine reale Chance hat, Erfüllung zu finden. Oder, zu Fragen gewendet: Worin bestand und besteht die Rolle, die man für sich selbst in dieser Welt gesehen und gefunden zu haben meint, inwieweit konnte man diese Rolle bislang erfüllen, und bestehen reale Chancen, dieser Rolle in irgend einer Weise noch besser gerecht zu werden, nicht Erreichtes oder bisher Verfehltes noch zu erreichen, ihr Facetten hinzufügen zu können, die einem selbst wichtig sind? Und wenn man sich in die Situation seiner Mitmenschen zu versetzen sucht: kann man hoffen, diesem Leben noch Freuden abzugewinnen, die die Sorgen, Lasten und Einschränkungen aufwiegen, die man ihnen mit dieser Hoffnung aufbürdet? Erscheint all dies nicht mehr möglich, dann könnte der rechte Augenblick gekommen sein, sich aus dieser Welt zu verabschieden.

Die Einbindung Nahestehender

Niemand lebt für sich allein und so ist auch der Entschluss, aus dem Leben zu scheiden, eine Angelegenheit, die nicht nur den Betreffenden selbst angeht. Insbesondere der engste

Lebenspartner, der mit einem, oft über eine lange Zeit, die Freuden und Sorgen des Lebens geteilt hat, ist von einem solchen Schritt in existenzieller Weise mit betroffen. Ihn, und sei es auch aus Gründen vermeintlicher Schonung, bei dieser Entscheidung zu übergehen und vor vollendete Tatsachen zu stellen, ist ein unverzeihliches Versäumnis. Wenn es geschieht, dann sicher nicht immer nur aus Feigheit, aus einem schlechten Gewissen heraus, dem anderen etwas gegen seinen Willen aufzunötigen, aus der Scheu vor vorwurfsvollen Diskussionen oder der Sorge, seinen ohnehin schweren Entschluss nun nicht mehr ungehindert vollziehen zu können. Bestimmend hierfür kann auch der Wunsch sein, es dem anderen nicht unnötig schwer zu machen. Wird es für ihn nicht schon schlimm genug sein, wenn er sich plötzlich und unerwartet verlassen sieht, mit quälenden Fragen und Selbstzweifeln konfrontiert, ob er durch zu wenig liebevolle Zuwendung mit zum Anlass dieser Tat geworden sein könnte, den vorwurfsvoll-fragenden Blicken der Mitmenschen ausgesetzt, die eine erklärende Selbstrechtfertigung herauszufordern scheinen? Um wie viel schlimmer muss es dann sein, wenn er dies alles sehenden Auges auf sich hat zukommen sehen, ohne es zu verhindern?

Wie schwierig die Einbindung des engsten Lebenspartners in den Entschluss, sich das Leben zu nehmen, auch immer sein mag, es führt kein anständiger Weg daran vorbei. Auch auf die Gefahr hin, dass es nicht gelingt, muss sich der den Tod Suchende der Bereitschaft seines Partners versichern, seine Entscheidung mitzutragen. Nur dann sollte sie für ihn möglich sein! Das macht es nötig, über die Anlässe und Bedingungen einer solchen Entscheidung beizeiten miteinander zu sprechen und sie zur Grundlage der gemeinsamen Partnerschaft zu machen. Denn wer aus eigenem Leidensdruck, zu dem ihm der andere keinen entscheidenden Anlass gegeben hat, eine Lebenspartnerschaft aufkündigt, ist und bleibt in der Pflicht, sich zu versichern, dass der andere damit zurecht kommen kann. Für diesen wiederum besteht aber auch die partnerschaftliche Pflicht, den anderen loszulassen, wenn dieser die auf ihn zukommenden Leiden und die damit anderen aufgebürdeten Lasten nicht mehr ertragen kann.

Von daher ist es wohl auch eine wichtige, ja notwendige Bedingung für jeden außerhalb einer solchen Partnerschaft Stehenden, der vor der Frage steht, ob er einem anderen dabei behilflich sein kann und will, seinem Leben ein Ende zu setzen, dass er sicher sein kann, die Lebenspartner sind in der Beurteilung und in ihrem Willen in dieser Frage einig und solidarisch.

Vor dem Absprung

Gesetzt: Das Leben ist in eine kritische Phase eingetreten. Der körperliche und geistige Verfall hat Grenzen erreicht, jenseits derer ein selbstbestimmtes Leben kaum mehr möglich erscheint. Man spürt, wie man immer weniger der ist, als den man sich gesehen und mit dem man sich, oft genug mühsam, arrangiert hat. Alle Verpflichtungen, die noch zu erfüllen waren, sind, so gut man eben konnte, eingelöst. Weitere Aufgaben, die das Leben vielleicht noch bereithält, sind nicht mehr zu erfüllen. Interessen und Ziele sind zerfallen. Selbst ein schlichtes Genießen des Lebens als Lohn zuvor –

hoffentlich – erbrachter Leistungen ist durch die sich mehrenden Beschwerden vergällt. Das Gefühl, den Mitmenschen nur noch zur Last zu fallen, drückt nieder. Ein probates Mittel, das Leben zu beenden, ist verfügbar. Mit dem nächststehenden Lebenspartner besteht ein vertrauensvolles Einverständnis darüber, dass die Zeit, voneinander Abschied zu nehmen, so, wie es einander versprochen war, nahe ist.

Ist dies jetzt der Augenblick, zu gehen? Hier? Heute? Ist der Schritt nicht doch verfrüht, Impuls einsam und mit düsteren Gedanken durchwachter Nächte? Ist da im Zuspruch des Arztes nicht doch noch Hoffnung auf Besserung gewesen? Bleibt nicht doch noch soviel Zeit, dass der bevorstehende runde Geburtstag der Tochter, die Hochzeit des Enkels oder die Taufe eines Urenkelchens nicht im Schatten eines selbst herbeigeführten Todes stattfinden muss? Und was wird sein, wenn der Schritt tatsächlich vollzogen wird? Wohin wird er führen? Wie wird sich das Sterben anfühlen – ein sachtes Einschlafen oder ein angsterfüllter, quälender Albtraum in einer zeitlichen Dimension, die mit dem bisherigen Zeitmaß nichts gemein hat? Diejenigen, die auf der Klippe stehend, nicht gesprungen sind, können das nicht verlässlich sagen, die gesprungen sind, kann man nicht mehr fragen. Und ist es nicht auffallend, das viele der beredtesten Apologeten eines Freitodes selbst vor diesem Schritt zurückgewichen sind, Nietzsche zum Beispiel, einer der radikalsten, der dann doch in einer zehn Jahre andauernden, zunehmenden geistigen Umnachtung jämmerlich verloschen ist?

Was würde, nein, was werde ich, der Autor dieser Betrachtung, tun? Ich weiß es nicht! Bisher geht es mir gut; das Leben bietet Freude und Erfüllung und noch wähne ich mich ein gutes

Stück weit entfernt von der Klippe, die erst den Blick in die wahre Tiefe des unter ihr liegenden Abgrundes freigibt.

Für den Fall, dass ich in einen Lebenszustand gerate, in dem ich meine Urteils- und Entscheidungsfähigkeit verloren habe oder diese nicht mehr zum Ausdruck bringen kann, und wenn deren Wiederherstellung nach ärztlichem Urteil als eher unwahrscheinlich zu beurteilen ist, habe ich ausdrücklich und im Einvernehmen mit meinen nächsten Angehörigen verfügt, dass auf alle Maßnahmen einschließlich einer Behandlung mit Antibiotika verzichtet werden soll, die einer Aufrechterhaltung des Lebens dienen sollen oder eine Verlängerung des Sterbens zur Folge haben würden. Das ja, und ich kann mir nicht vorstellen, davon wieder abzurücken.

Was aber, wenn ich noch entscheidungsfähig bin? Vielleicht werde ich doch nicht aus freien Stücken an den Rand des Abgrunds ganz herantreten, vielleicht mich schwindelnd, wie viele andere vor mir, wieder abwenden. Eines allerdings bin ich mir sicher. Ich finde es am besten mit den Worten ausgedrückt, die Mauritz Verzele an den Beginn seiner Abhandlung über den sanften Tod gestellt hat:

> *„Das Wissen, dass ich meinem Leben ein Ende machen kann, gibt mir Frieden.*
> *Das Wissen, wie ich meinem Leben ein Ende machen kann, gibt mir Sicherheit.*
> *Das Wissen, dass alles dafür bereit ist, gibt mir Vertrauen.*
> *Das zu wissen, gibt mir neue Lebensfreude."*

In der Hoffnung, mit dieser Abhandlung vielleicht dazu beitragen zu können, dass eine solche Aussicht für mehr Menschen als bisher Wirklichkeit wird, wurde dieses Buch geschrieben.

Literatur

Améry, Jean (1978) Hand an sich legen – Diskurs über den Freitod, Verlagsgemeinschaft Ernst Klett – J.G. Cotta'sche Buchhandlung Nachfolger GmbH, Stuttgart

Berger, Peter L. / Luckmann, Thomas (2000) Die gesellschaftliche Konstruktion der Wirklichkeit, Eine Theorie der Wissenssoziologie, 17. Auflage, Fischer Taschenbuch Verlag GmbH, Frankfurt a.M.

Binding, Karl / Hoche, Alfred (1920) Die Freigabe der Vernichtung lebensunwerten Lebens. Ihr Maß und ihre Form, Leipzig

Bono, Edward de (1993) Der Klügere gibt nicht nach, Econ Taschenbuchverlag, Düsseldorf und Wien

Brockkaus Enzyklopädie (1986–94) 19. Auflage, T.A. Brockhaus GmbH, Mannheim

Camus, Albert (1959/1961) Der Mythos vom Sisyphos – Ein Versuch über das Absurde, Rowohlt rde, Reinbek bei Hamburg

Dawkins, Richard (2007) Der Gotteswahn, 8. Auflage Ullstein Verlag, Berlin

Decher, Friedhelm (1999) Die Signatur der Freiheit, 1. Auflage, Dietrich von Klampen Verlag GbR, Lüneburg

DHGS-Deutsche Gesellschaft für Humanes Sterben (2004) 10 Thesen Papier zur aktuellen Diskussionslage in Deutschland: Die Ethik des humanen Lebens und Sterbens, http://www.dghs.de/

Durkheim, Émile (1973) Der Selbstmord, Hermann Luchterhand Verlag GmbH, Neuwied und Berlin

Eser, Albin / Koch, Hans-Georg (Hrsg.) (1991) Materialien zur Sterbehilfe, Eigenverlag Max-Planck-Institut, Freiburg im Breisgau

Faßpöhler, Svenja (2007) Mein Wille geschehe – Sterben in Zeiten der Freitodhilfe, wjs Verlag, Wolf Jobst Siedler jr., Berlin

Fichte, Johann-Gottlieb (1963) Das System der Sittenlehre nach den Prinzipien der Wissenschaftslehre, Hamburg

Forsa Institut (2003) Meinungen zur aktiven direkten Sterbehilfe, DHGS-Deutsche Gesellschaft für Humanes Sterben, Augsburg

Gehlen, Arnold (1962) Der Mensch, Seine Natur und seine Stellung in der Welt, 7. Auflage, Athenäum Verlag, Frankfurt a.M. / Bonn

d'Holbach, Paul Thiry (1978) System der natur oder von den gesetzen der physischen und der moralischen Welt, Frankfurt a.M.

Hume, David (1984)Über Selbstmord, Felix Meiner Verlag, Hamburg

Institut für Demoskopie Allenbach (2005) Allensbacher Berichte zur Sterbehilfe, Allensbacher Archiv

Kant, Immanuel (1963) Bd. IV Metaphysik der Sitten, Wissenschaftliche Buchgesellschaft, Darmstadt

Küng, Hans (1995) Credo, Das Apostolische Glaubensbekenntnis – Zeitgenossen erklärt, R. Pieper GmbH & Co KG, München, Zürich

Lewinski, Manfred von (2006) Wie einsam bleibt der Mensch? – Grundlagen, Eigenarten und Grenzen menschlicher Kommunikation, Pro business Verlag, Berlin

Minois, Georges (1996) Die Geschichte des Selbstmords, Artemis & Winkler Verlag, Düsseldorf und Zürich

Mischler, Gerd (2000) Von der Freiheit, das Leben zu lassen, Erstausgabe, Europa Verlag GmbH, Hamburg/Berlin

Montaigne, Michel de (1953) Die Essays, Dieterich'sche Verlagsbuchhandlung, Leipzig

Nietzsche, Friedrich (1925) Menschliches – Allzumenschliches, Alfred Kröner Verlag, Leipzig

Nietzsche, Friedrich (1928) Götzen-Dämmerung, Alfred Kröner Verlag, Leipzig

Platon (1958/1961) Phaidon, Rowohlt, Reinbek bei Hamburg

Platon (1959/1960) Nommoi, Rowohlt, Reinbek bei Hamburg

Putz, Wolfgang u.a. (2006) Rechtsgutachten Strafrechtliche Aspekte der Suizidbegleitung in Deutschland, www.medizinrecht.de

Schobert, Kurt F. (2004) Sterbehilfe – Hilfe zum Sterben? Vortrag Evangelische Akademie Arnoldshain, http://www.evangelische-akademie.de/old/materialien/

Schulz v. Thun, Friedemann (1998) Miteinander reden 3, Das „innere Team“ und situationsgerechte Kommunikation, Rowohlt Taschenbuch Verlag, Reinbek bei Hamburg, Lizenzausgabe für Weltbild Verlag 2000

Seifert, Karl-Heinz / Hömig, Dieter Grundgesetz für die Bundesrepublik Deutschland, Taschenkommentar, 7. Auflage, Nomos Verlagsgesellschaft, Baden-Baden

Student, Christoph Was versteht man unter Hospiz, http://christoph-student.homepage.t-online.de/41518/home.html.

Verzele, Maurits (1995) Der sanfte Tod – Suizidmethoden und Sterbehilfe, Promedia Druck- und Verlagsgesellschaft mbH, Wien

Zimbardo, Philip G. (1992) Psychologie, 5. Auflage, Springer-Verlag, Berlin/Heidelberg/New York

Abkürzungen:

APuZ	Aus Politik und Zeitgeschichte, Beilage zur Wochenzeitung ‚Das Parlament‘
BGHSt	Entscheidungen des Bundesgerichtshof in Strafsachen Band/Seite
BVerfG	Bundesverfassungsgericht
GG	Grundgesetz für die Bundesrepublik Deutschland
NJW	Neue Juristische Wochenschrift, Jahrgang/Seite
StGB	Strafgesetzbuch